메이커 다은쌤의 FDM 3D PRINTING

개인·취미 FDM 3D 프린팅

전다은 지음

메이커 다은쌤의 FDM 3D 프린팅

Copyright © 2018 by Youngjin.com Inc.

1016, 10F. Worldmerdian Venture Center 2nd, 123, Gasan digital 2-ro, Geumcheon-gu, Seoul, Korea 08505

All rights reserved. No part of this book may be reproduced or transmitted in any form or by any means, electronic or mechanical, including photocopying, recording or by any information storage retrieval system, without permission from Youngjin.com Inc.

ISBN 978-89-314-5648-6

독자님의 의견을 받습니다.

이 책을 구입한 독자님은 영진닷컴의 가장 중요한 비평가이자 조언가입니다. 저희 책의 장점과 문제점이 무엇인지, 어떤 책이 출판되기를 바라는지, 책을 더욱 알차게 꾸밀 수 있는 아이디어가 있으면 팩스나 이메일, 또는 우편으로 연락주시기 바랍니다. 의견을 주실 때에는 책 제목 및 독자님의 성함과 연락처(전화번호나 이메일)를 꼭 남겨 주시기 바랍니다. 독자님의 의견에 대해 바로 답변을 드리고, 또 독자님의 의견을 다음 책에 충분히 반영하도록 늘 노력하겠습니다.

이메일 : support@youngjin.com

주   소 : 서울시 금천구 가산디지털2로 123 월드메르디앙벤처센터2차 10층 1016호 (우)08505

저자 전다은 | **총괄** 김태경 | **기획** 정소현 | **본문 편집** 고은애, 함세영, 진정희 | **표지 · 내지 디자인** 함세영
영업 박준용, 임용수 | **마케팅** 이승희, 김다혜, 김근주, 조민영 | **인쇄** 예림인쇄

개인·취미 FDM 3D 프린팅

전다은 지음

머리말

어렸을 때 신문사 일을 하시던 아버지 덕에 종이 프린터를 사용한 경험이 있다. 그때만 해도 A4라는 규격 종이가 없었다. 잉크 프린터에 사용하는 종이의 양쪽 모서리에는 여러 구멍이 뚫려 있었고, 그 구멍에 맞게 종이를 프린터에 잘 맞춰 넣어야 했다. 종이를 제대로 넣어도 인쇄 도중에 찢어지기 일쑤였고, 종이가 접혀 제대로 인쇄가 되지 않아 다시 시도하기를 반복했다.

지금 개인용 3D 프린터, 또는 저가형 FDM 방식의 3D 프린터를 사용하면 그때의 잉크 프린터를 떠오르게 한다. 현재 저가형 FDM 3D 프린터는 사용에 손이 많이 가 번거롭고, 게다가 항상 출력물이 잘 나오는 것도 아니다. 그래도 이런 불편함을 감수하고 3D 프린터를 사용하는 이유는 내가 생각하고 필요한 물건들을 만드는 데 바로 활용할 수 있기 때문이다.

물론 아직도 가끔 종이가 잉크 프린터 사이에 끼긴 하지만 그래도 이전에 비하면 사용성은 편리해졌고 제품의 가격은 내려갔다. 또한 일정한 품질의 인쇄물을 연속해서 뽑을 수 있을 정도로 기술도 안정화되었다. 개인용 3D 프린터도 언젠가 잉크 프린터처럼 기술이 안정화되고 사용 편의성도 올라갈 것이라 예상한다. 다만, 그 시기가 현재가 아닐 뿐이다.

2012년도 대학원에서 처음 3D 프린터를 직접 보았다. 그때만 해도 3D 프린터는 물리적인 모양을 만드는 신기한 기계로 생각했지 이렇게 나의 삶에 깊숙이 들어올지 몰랐다. 3D 프린터를 사용하는 횟수가 늘어날수록 실패도 늘어났고, 다른 방법을 찾아 이것저것 시도해 보면서 저가형 FDM 3D 프린터는 이제 손에 꽤 익었다.

2016년 1월부터 내가 가진 지식과 경험을 유튜브를 통해서 나누기 시작했고, 이전 보다 FDM 3D 프린터를 사용하는 사람들도 많이 늘어났다. 별거 아닌 것 같았던 나의 경험들이 프린터를 처음 사용하는 사람들에게 도움이 된다는 것은 정말 뿌듯한 일이었다. 하지만 때로는 너무 많은 영상으로 원하는 정보를 찾지 못해 질문들이 들어 왔고, 영상뿐만 아니라 뿔뿔이 흩어져 있는 지식과 경험을 정리해 놓은 책이 필요함을 느꼈다. 처음 3D 프린터를 시작하는 사람에게 필요한 정보가 무엇일까?

이 책은 전문가보다는 저가형 FDM 3D 프린터를 취미·개인용으로 사용을 시작하는 사람들을 위해 만들었다. 이론적인 정보 전달보다는 내가 그동안의 FDM 3D 프린터를 사용하면서 겪은 실패와 경험적 지식을 정리한 수필 책에 가깝다. 이용하는 3D 프린터와 환경에 따라서 다르게 적용될 수 있음을 인지하고 독자의 취미·개인용을 위한 FDM 3D 프린터 사용에 도움이 되기를 바란다.

메이커 다은쌤

이 책은?

① 메이커 다은쌤이 직접 FDM 3D 프린터를 사용한 경험을 중심으로 내용을 정리하였다. 이해를 돕기위한 사진의 대부분과 설명 그림도 다은쌤이 직접 촬영하고 그렸다.

② 3D 프린터 사용에 중요한 용어들의 의미를 정리하고, 혼용되는 명칭들을 함께 표기했다.

③ 유튜브 채널에는 다은쌤이 직접 제작한 동영상 강의가 있다. 책에서 미처 다 표현하지 못했던 정보를 영상을 통해 확인하고 이해할 수 있다.

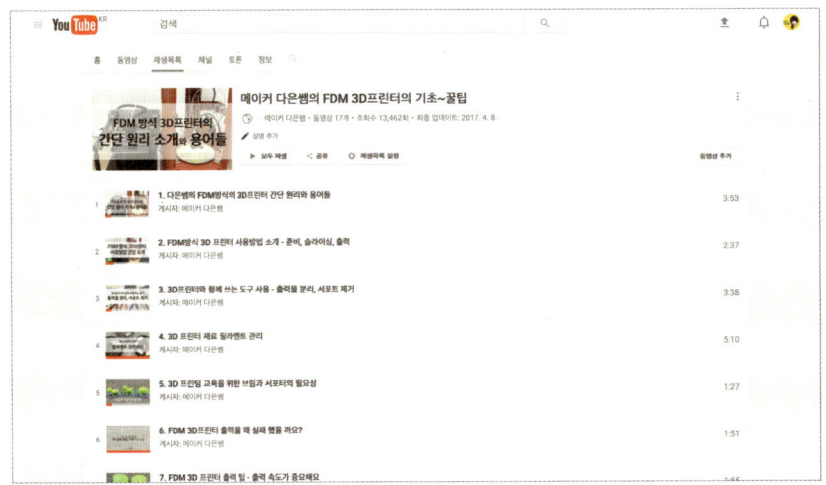

◀ QR코드
주소 | https://goo.gl/rrfE9S

 **목차**

PART 01 · 3D 프린터?

01. 3D 프린터란? ··· 11
    1 | SLS 3D 프린터 ··· 12
    2 | DLP 3D 프린터 ··· 15
    3 | FDM 3D 프린터 ·· 18
02. FDM 3D 프린터의 최대 단점과 장점 ······························ 24
03. 개인 3D 프린팅을 시작해 보고 싶나요? ························ 25

PART 02 · 3D 프린팅을 위한 4박자

1박자 · 3D 프린터

01. 기계의 타입(3D Printer) ··· 30
    1 | 3D 프린터의 중요 부분 ·· 30
    2 | 직교형 vs 델타형 ··· 32
    3 | 오픈형 vs 챔버형 ··· 35
    4 | DIY 3D 프린터는 쓸만한가? ······························· 36
    5 | 3D 프린터 관리하기 ·· 37
02. 노즐(Nozzle) ··· 38
    1 | 노즐 주변의 냉각팬 ·· 40
    2 | 노즐이 막혔을 때 ··· 42
    3 | 노즐 관리하기 ··· 43
03. 익스투르더(Extruder) ·· 44
    1 | 직결형 vs 보우덴형 ··· 46

	04. 베드(Bed)	48
	1 | 히팅 베드	49
	2 | 분리형 베드 vs 고정형 베드	50
	3 | 베드의 재질	51
	4 | 레벨링과 오토 레벨링	52
	5 | 베드와 재료의 접착력	54
	6 | 베드 관리하기	56

2박자 재료(필라멘트)

1 | ABS 특징	58
2 | PLA 특징	58
3 | 특수 필라멘트	59
4 | 3D 프린터에서 재료(필라멘트) 교체 시 주의 사항	60
5 | 재료(필라멘트) 관리하기	61
6 | 재료에 따른 후가공	62
TIP1 | 집에서 쉽게 찾는 도구들	66

3박자 3D 모델링

1 | 3D 모델링 공유 사이트	67
2 | 3D 모델링 프로그램	69
3 | FDM 3D 모델링을 위한 모양의 중요성	72
4 | YHT 룰	74

4박자 슬라이서 프로그램

01. 레이어(Layer)	80
02. 인필(Infill)	82
03. 셸(Shell)	84
04. 압출량(Flow)	85
05. 노즐 온도(Printing Temperature)	86
06. 베드 온도(Bed Temperature)	88
07. 리트랙션(Retraction)	90

08. 출력 속도(Printing Speed)	92
09. 바닥, 윗면 두께(Bottom/Top Thickness)	96
10. 1층(First Layer)	98
11. 서포트(Support)	104

해보기
FDM 3D 프린터 사용법 자세히 보기

1 ǀ 모델링 파일 준비	108
2 ǀ 슬라이서 프로그램	109
3 ǀ 3D 프린터 작동	114
4 ǀ 후 작업	116
5 ǀ 완성	118
TIP2 ǀ 출력 팁	119

PART 03 이게 무슨 일이야

01. 형태를 알아볼 수 없는 출력물	128
02. 바닥이 둥근 출력물	132
03. 어딘가 지저분한 출력물	133
04. 표면에 구멍이 송송난 출력물	138
1 ǀ 표면에 자잘한 구멍이 생겼을 때	138
2 ǀ 윗면에 커다란 구멍이 났을 때	140
3 ǀ 바닥 면에 홈이 났을 때	141
05. 특정 높이에서 모양이 틀어진 출력물	142
06. 출력물을 베드에서 떼다가 망침	145
07. 기계에서 이상한 소리가 남	146
08. 그 밖의 다양한 문제들	147
TIP3 ǀ FDM 3D 프린터 망한 출력물 가이드	148

PART **1**

3D 프린터?

3D 프린터에 대해서 알아봅니다. 기본적인 3D 프린터의 종류를 간략히 소개하고, 이 책에서 자세하게 다룰 FDM 방식의 3D 프린터에 대해서 설명합니다.

- 3D 프린터란?
- FDM 3D 프린터의 최대 단점과 장점
- 개인 3D 프린팅을 시작해 보고 싶나요?

01 3D 프린터란?

3D 프린터는 이름 그대로 3차원의 입체 모양을 뽑아주는 기계다. 3D 프린터의 개념은 처음에 래피드 프로토타이핑(Rapid Prototyping)이라는 이름으로 1981년 일본 히데오 코다마 박사에 의하여 제안되었다. 하지만 첫 특허는 1986년 미국 척헐(Chuck Hull)에 의해서 등록되었다. 척헐은 쓰리디시스템즈(3D Systems)를 설립하였으며 현재(2017년 초) 스트라타시스(Stratasys)와 산업용 3D 프린터 제조의 양대 산맥을 이루고 있다.

3D 프린터가 최근에 개발된 기술처럼 느끼는 사람도 있겠지만 30년이 넘어가는 기술이다. 그동안 대부분 산업 현장에서 주로 사용해왔기 때문에 개인 또는 일반 사용자가 3D 프린터를 접하는 일은 드물었다.

3D 프린터 시장을 폭발적으로 성장하게 한 몇 가지의 사건이 있다. 우선 2004년 영국의 에이드리언 보이어(Adrian Bowyer)가 시작한 렙랩(RepRap)이라고 불리는 3D 프린터를 만드는 오픈소스 프로젝트 때문이다. 렙랩의 프로젝트 공개로 누구나 개인형 3D 프린터를 만들 수 있게 되었다. 또한, 대표적으로 2009년 스트라타시스(Stratasys)가 보유한 압출 적층 방식(FDM : Fused Deposition Modeling)과 같은 3D 프린터 관련 특허들이 만료되면서 기술의 접근과 활용이 쉬워졌다. 더하여 이전보다 저렴해진 장비의 제조 가격 등으로 3D 프린터 시장이 근래에 와서 폭발적으로 늘어나고 있다.

3D 프린터는 3D 모양을 만드는 기술의 방식에 따라 FDM(Fused Deposition Modeling) 또는 FFF(Fused Filament Fabrication), SLS(Selective Laser Sintering), SLA(Stereo Lithography Apparatus), DLP(Digital Light Processing) 등이 있다. 금속 3D 프린터에서 사용되는 DMLS(Direct Metal Laser Sintering) 방식 등 기술은 다양해지고 있다. 하지만 이 책에서는 산업용 3D 프린터를 다루는 것이 아니므로 자세한 기술적인 원리는 생략한다. 궁금하다면 인터넷에 조금만 검색하며

멋진 그림들과 설명이 나오니 직접 찾아보기를 권한다.

3D 프린터의 방식을 일반인에게 좀 더 쉽게 설명하기 위해 다은쌤은 사용하는 재료의 상태에 따라 고체, 액체, 또는 가루(파우더)로 구분하여 설명하곤 했다. 고체를 녹여서 쌓는 방식을 사용하는 FDM 방식, 액체 상태의 레진을 재료로 사용하는 DLP 또는 SLA 방식, 그리고 가루 상태의 재료를 사용하는 SLS 방식의 3D 프린터라고 말이다. 실제 직접 사용해 본 여러 방식의 3D 프린터를 살펴보며 개인·취미용 3D 프린터로서의 사용이 어떨지 생각을 적어 본다.

1 SLS 3D 프린터

SLS 방식의 3D 프린터에서 사용하는 재료는 가루(파우더) 형태로 존재한다. 얇게 펼쳐놓은 가루를 특정 부분만을 굳힌다. 그다음 그 위에 다시 얇은 가루 재료가 다시 쌓이고, 다시 원하는 부분만 굳힌다. 이 과정이 반복되면서 층층층 굳은 재료가 쌓여 올라가면서 3D 모양이 만들어진다. 작업이 완료되면 쌓인 가루 속에서 굳혀진 모양만 빼내고, 굳지 않은 가루 재료는 재사용할 수 있다. 출력물 주변의 가루들은 모두 털어내고 더 단단하게 만들기 위해 특수 접착제를 발라 준다. 밀가루처럼 미세한 가루 재료 때문에 작업 중에는 장갑과 마스크를 필수적으로 착용해야 한다.

출력 공간이 모두 가루로 가득 차서 만들어지기 때문에 FDM, DLP 방식에 비하면 거의 모든 모양을 깔끔하게 만들 수 있다. 재료의 원료에 따라 딱딱한 모양뿐만 아니라 나일론같이 신축성이 있는 재료도 사용할 수 있다. 또한, 하얀색의 원재료에 모든 색상으로 채색되어 나올 수 있다는 장점도 있다.

출력과 후 작업이 끝나면 말끔한 표면과 여러 색상으로 채색되어 나온 출력물은 매우 만족스럽다. 하지만 표면의 경도는 강했으나 책상 위에서 떨어트리니 뚝 하고 깨지기 쉬웠다. 그리고 어마무시한 기계의 가격과 재료비는 개인적인 용도로 다시 사용하고 싶은 마음을 사라지게 하였다. SLS 방식의 3D 프린터는 산업용, 전문가용으로는 모를까 아직 개인·취미용으로 사용할 프린터는 아닌 것 같다.

1 SLS 3D 프린터의 사용

1 SLS 3D 프린터의 모습이다. 사진 한가운데 보이는 하얀색 부분이 3D 프린팅에 사용되는 가루 형태의 재료가 있다.

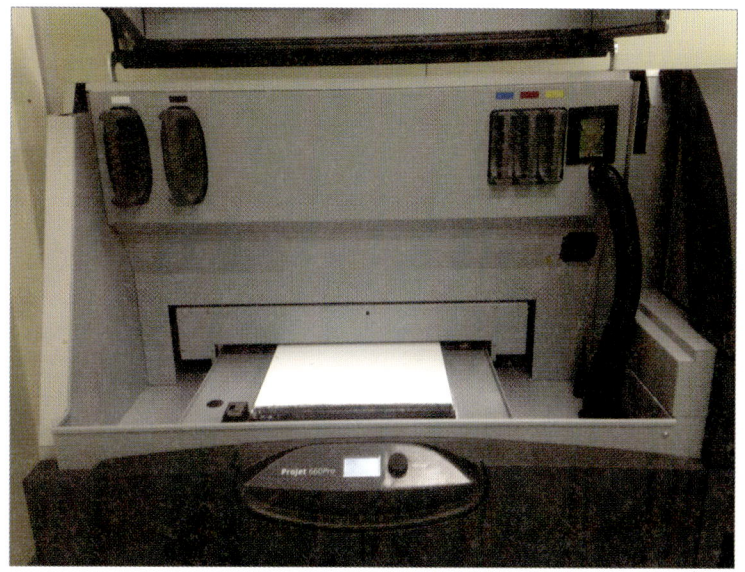

2 출력이 완료된 후, 가루 형태의 재료 속에서 굳은 출력물을 찾아 꺼내고 있다.

3 붓이나 에어 브러쉬를 이용해 주변의 굳지 않은 가루 형태의 재료를 털어내고 표면에 특수 접착제를 발라 더 단단하게 만든다.

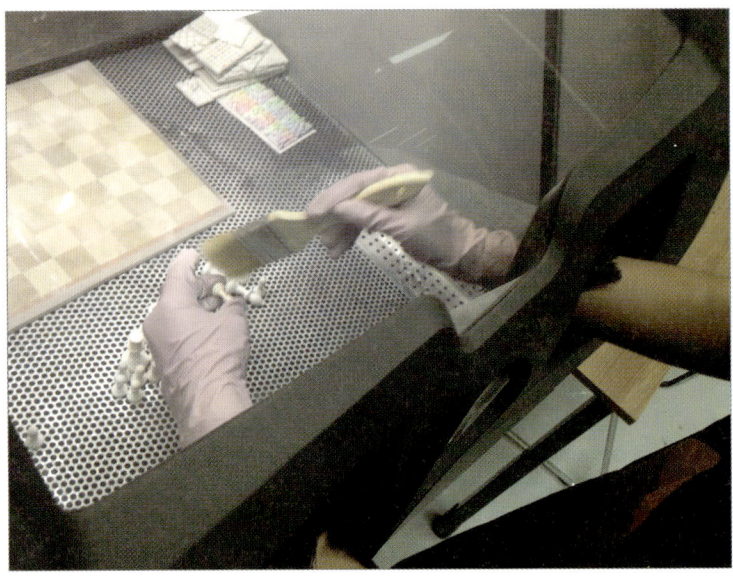

4 SLS 3D 프린터로 만든 체스말의 완성된 모습이다. 흰색의 재료가 원하는 색상으로 염색도 되어서 나온다.

2 DLP 3D 프린터

DLP 3D 프린터는 액체 상태의 광경화성 수지(액체 레진)를 주재료로 사용하는 프린터이다. 광경화성 수지는 처음에는 액체 상태였다가 빛을 받으면 빛을 받은 부분이 플라스틱처럼 딱딱해지는 화학약품이다.

DLP 프린터에는 액상의 레진을 담아 놓는 수조가 있다. 수조 밑에서는 빛이 들어오는데 빛이 들어오는 모양에 따라서 특정 부분이 굳어진다. 그래서 3D 모양을 만들기 위해 한층 한층 사진을 찍듯이 밑에서 특정 모양의 빛이 번쩍거린다. 그러면 빛을 받아 굳은 모양이 층층층 쌓아지면서 3D 모양이 만들어진다. 출력하려는 모양의 높이가 높을수록 그만큼 빛을 여러 번 반복적으로 비춰야 하므로 출력 시간이 오래 걸린다. 반면에 높이가 낮고 면적이 넓은 모양은 FDM 방식의 3D 프린터보다 빠르게 만들 수 있다.

출력이 완료되면 표면에 굳지 않고 액체로 남아있는 광경화성 수지를 알코올로 닦아준다. 그리고 출력물에 UV를 쬐어 더 단단하게 굳힌다. 광경화성 수지, 알코올 등 화학약품을 사용하기 때문에 장갑과 마스크는 필수이다. 또한, 약품에서 냄새가 나기 때문에 환기가 잘 이루어지는 공간이어야 한다. 그리고 광경화성 수지가 형광등 빛에 오래 노출되면 굳어지기 때문에 작업장은 어두워야 한다.

한 층을 조밀하게 굳혀 모양을 만들면 출력 시간은 오래 걸리지만, 사포질 없이 채색할 수 있을 정도로 표면은 정말 매끄럽게 나온다. 하지만 화학약품을 사용하기 때문에 개인 작업실이 있는 피규어 전문가라면 모를까 집에서 개인·취미용으로 사용하기에는 무리가 있어 보인다. 예전보다 DLP 프린터도 제품의 가격과 재료(광경화성 수지)의 가격이 내려간 편이기는 하나 그래도 취미용으로 사용하기에는 아직 부담스러운 것은 사실이다.

❶ DLP 3D 프린터의 사용

1 아래 수조에는 초록색의 광경화성 수지가 담겨있다. 위에는 6개의 작은 에펠탑이 거꾸로 매달린 채로 출력되었다.

2 서포트와 브림을 제거하고, 알코올로 출력물 주변에 굳지 않고 액체 상태로 묻어 있는 레진을 닦아준다.

3 알코올로 닦고 말린 출력물을 UV 경화기 안에 넣어준다. UV를 받으면 광경화성 수지가 더 단단해진다.

4 DLP 프린터로 완성된 에펠탑이다.

함께 보면 좋은 영상

메이커 다은쌤의
DLP 3D 프린터 간단 설명
https://youtu.be/_b3Er6H156g

3 FDM 3D 프린터

FDM 또는 FFF 방식의 3D 프린터는 고체의 재료(필라멘트)를 사용한다. 고체의 재료가 뜨겁게 가열된 노즐을 통하여 녹은 상태에서 압출되어 가는 실처럼 나온다. 쉽게 생각하면 글루건을 떠올릴 수 있다. 굵은 글루건 심이 앞의 뜨거운 노즐 부분에서 녹아서 조금 더 얇게 나오는 상태와 같다.

재료가 나오는 노즐이 기계적 팔을 이용하여 정확하게 원하는 모양으로 움직이면서 그림을 그린다. 평면 상을 움직이면서 그린 선이 조밀하게 채워지면서 하나의 면을 만들게 된다. 그 면 위에 다시 노즐이 그림을 그리면서 또 다른 면이 쌓이게 된다. 이렇게 층층층 면이 쌓아 올라가게 되면서 고체의 재료로 3D 모양을 만드는 것이 FDM 3D 프린터이다.

뜨거운 노즐에서 나온 용융된 재료와 층층층 쌓아 올라가면서 3D 형상을 만드는 FDM 3D 프린터 재료에 따라 노즐은 180~230℃ 사이로 가열되며 주로 사용하는 재료는 플라스틱이다. 더하여 말랑한 플렉서블 재료부터 금속이 함유된 재료까지 다양한 재료들이 나타나고 있다. 출력물은 후 작업 없이 바로 만질 수 있으며, 막 출력이 완료된 출력물은 따뜻하다. 앞서 소개한 SLS, DLP 프린터보다 조밀하게 모양을 만들지는 못해 출력물 옆면에 층층층 쌓인 결이 보인다.

SLS, DLP 3D 프린터에 비하면 장난감 같은 기계일지도 모르지만, 상대적으로 저렴한 기계와 재료비, 후가공이 필요 없는 사용성은 앞선 다른 방식의 프린터들보다 개인 또는 취미 생활로 이용하기에 적합하다.

앞으로 이 책에서 3D 프린터라고 말하는 단어는 모두 FDM 방식의 저가형 3D 프린터를 지칭하는 것으로 한다.

함께 보면 좋은 영상

메이커 다은쌤의
FDM 방식의 3D 프린터 간단 원리와 용어들
https://youtu.be/j8q3uO9-kxM

❶ FDM 3D 프린터의 사용

일반적으로 많이 사용되는 FDM 3D 프린터의 사용 순서를 알아 본다. 하지만, 3D 프린터의 제품에 따라 사용 방법이 다를 수 있다. 우선 기본적으로 FDM 3D 프린팅을 하기 위해서 컴퓨터, 3D 프린터, 재료(필라멘트), 3D 모델링 파일, 슬라이서 프로그램이 필요하다.

1 잉크 프린터를 사용할 때 출력하려는 문서 파일이 있는 것처럼 3D 프린터로 출력하려는 3D 모델링 파일이 필요하다. 3D 모델링 파일은 직접 CAD 프로그램을 통해 자신이 만들 수도 있고, 인터넷을 통해 다른 사람이 공유해 놓은 파일을 사용할 수도 있다. 출력하려고 하는 모델링 파일을 준비한다. 아래의 사진은 Fusion 360이라는 3D 모델링 프로그램을 이용하여 직접 필요한 모델을 만든 것이다.

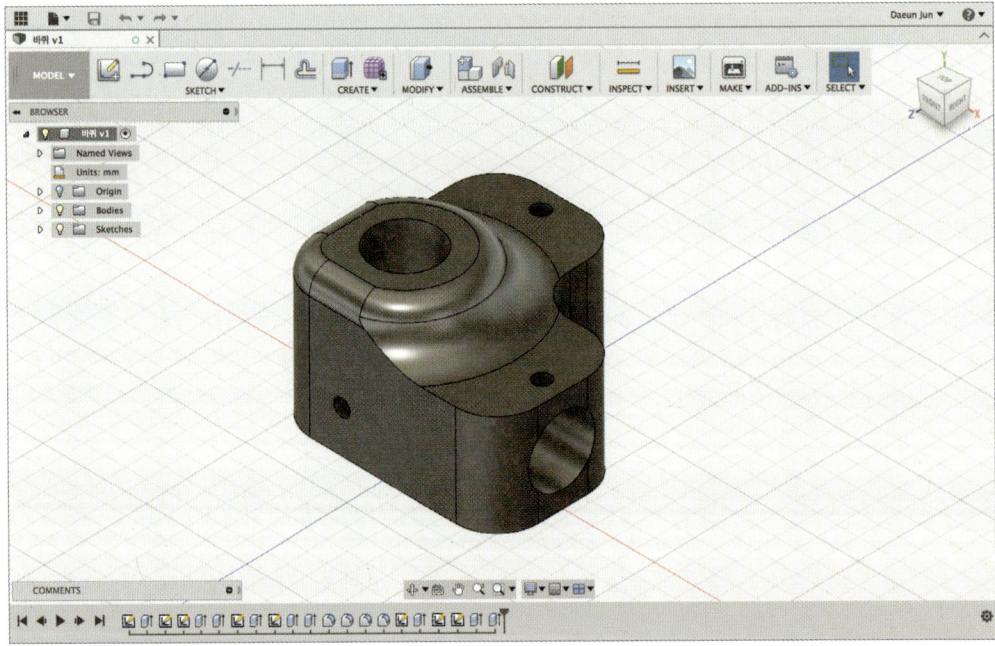

2 3D 모델링 파일이 생겼다면 슬라이서 프로그램으로 모델링 파일을 변환해야 한다. 슬라이서 프로그램은 3D 프린터가 사용하는 언어로 3D 모델링 파일을 변환해 주는 것으로 다양한 프로그램들이 있다. 특정 3D 프린터 전용 슬라이서 프로그램이 있기도 하다. 슬라이서 프로그램은 사용할 재료 온도 등 다양한 설정값이 있는데 뒤에 파트 2에서 자세히 설명한다.

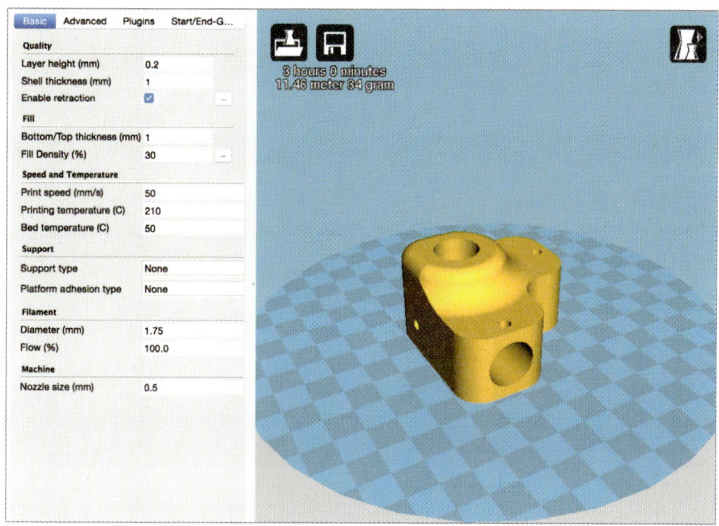

3 사용할 재료를 3D 프린터에 연결하고 슬라이서 프로그램으로 변환된 3D 모델링 파일을 SD 카드나 USB에 가져온다. 3D 프린터에서 출력을 실행한다.

4 출력이 완료되었다. FDM 3D 프린팅이 완료된 출력물은 바로 손으로 만질 수 있다. 막 출력이 끝났을 때는 출력물이 따뜻하다.

5 사용 목적에 따라 다양한 모델링을 만들고 3D 프린팅으로 만들 수 있다. 출력물을 다른 재료나 부품과 연결하여 원하는 것을 만들 수 있다.

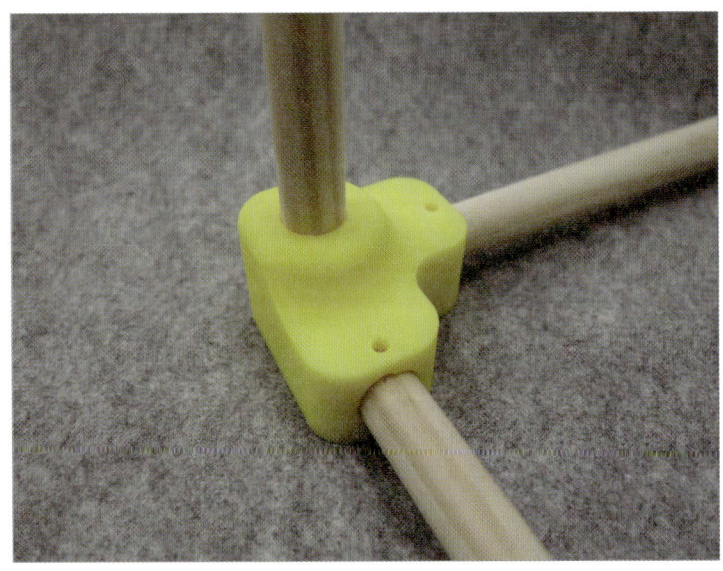

❷ FDM 3D 프린터의 사용 방법 요약

1 모델링 파일을 준비한다.

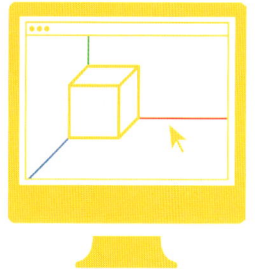

2 사용할 모델링 파일을 3D 프린터에 맞게 슬라이싱 한다.

3 슬라이싱된 파일로 3D 프린터를 작동시킨다.

함께 보면 좋은 영상

메이커 다은쌤의
FDM방식 3D 프린터 사용 방법 소개
https://youtu.be/3iejsRtPUyI

02 FDM 3D 프린터의 최대 단점과 장점

1 느린 출력 속도

FDM 3D 프린터뿐만 아니라 현재 대부분의 3D 프린터의 출력 속도는 생각보다 매우 느린 편이다. 어른 주먹만 한 부피의 무엇인가를 3D 프린터로 만들려고 하면 기본으로 3~4시간이 소모된다. 물론 100배 빠른 3D 프린터가 개발되었다고는 하지만 개인 사용자가 사용할 만큼 기술이 보편화되기에는 시간이 걸릴 것이다.

어쨌든 층층층 쌓아서 3D 모양을 만드는 방식에서는 출력 속도가 무한정 빨라질 수는 없다. 오히려 출력 속도를 너무 빠르게 하면 기계 진동이 발생하여 출력물의 품질이 떨어질 수 있다. 이렇게 느린 출력 속도의 단점에도 불구하고 왜 개인·취미로 3D 프린터를 사용하려는 것일까?

2 내가 원하는 단 하나!

이전에 물건을 만드는 공정에서는 사출 성형을 많이 이용했다. 사출 성형은 여러 개의 똑같은 제품을 3D 프린터보다 빠르게 만들 수 있지만, 1개당 가격을 저렴하게 만들기 위해서는 기본 천 개, 만 개 단위로 만들어야 한다. 이런 공정에서 오히려 적은 수의 무엇인가를 만드는 것은 매우 비싸다.

하지만 3D 프린터는 출력 시간이 오래 걸려도 원하는 단 하나를 만들기에 매우 적합하다. 나만의 열쇠고리, 액자, 명함집, 소품, 부품, 자동차, 드론 등 하나를 만들어 보고 시도해 보기에는 FDM 3D 프린터는 개인·취미 사용자가 느낄 장점을 충분히 가지고 있다.

03 개인 3D 프린팅을 시작해 보고 싶나요?

1 3D 프린터가 없나요?

3D 프린터가 없어도 3D 프린터를 사용하는 방법이 있다. 정부나 민간에서 운영하는 메이커 스페이스를 방문하면 장소에 따라 무료 또는 유료로 사용할 수 있다. 전국에 흩어져 있는 메이커 스페이스를 사이트를 방문하여 찾아가 본다.

또는 요즘에는 3D 프린팅을 대행해주는 출력 업체도 많이 있으니, 개인이 바쁘다면 인터넷에서 3D 프린터 출력 대행을 찾아 이용할 수도 있다.

📍 메이커 스페이스 지도

www.makeall.com/subpage.php?p=makerspace

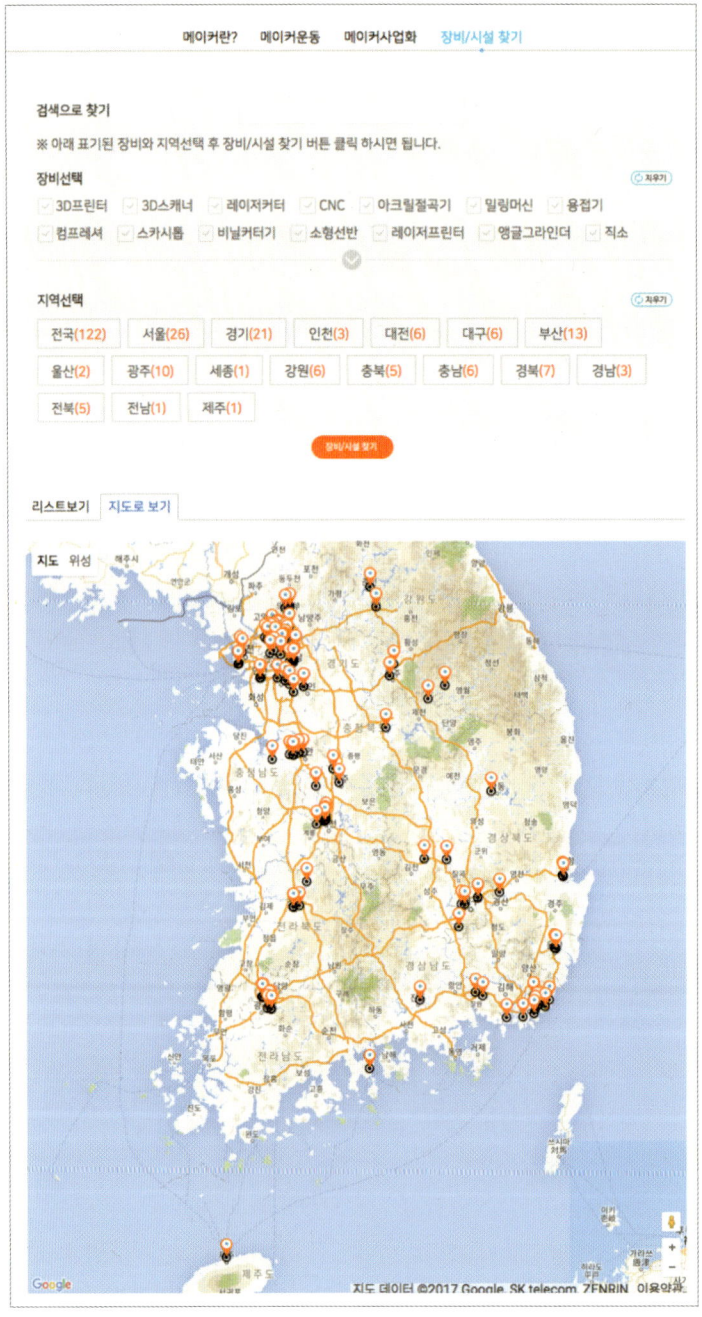

❷ 3D 프린터를 사고 싶나요?

FDM 3D 프린터의 가격이 많이 내려오기는 했지만 그래도 개인이 구매하기에 높은 가격대의 제품들도 있다. 어떤 회사의 제품을 추천하지는 않겠지만 보통 일반적으로 국내에서 완성품으로 판매하는 저가형 FDM 3D 프린터는 100만 원대 중후반의 가격대이고, DIY 프린터가 중국산은 30만 원부터 국내산도 100만 원대의 가격대를 형성하고 있다(2017년 초 기준).

DIY 3D 프린터가 저렴하다고 해서 기계와 벽을 쌓고 살아온 초보자가 덥석 구매한다면 고생을 할 수 있다. 가격은 저렴하지만 그만큼 조립한 사람의 손에 따라 출력 품질이 달라질 수도 있고 잔 고장이 많을 수도 있다. 그래도 한 번쯤 직접 만들어 보는 것은 기구를 이해하고 나중에 스스로 수리하는 데 도움이 되는 양날의 칼이기도 하다.

그렇다고 몇 배 이상 비싼 완성품의 3D 프린터를 구매한다고 해서 출력 품질이 같은 배수만큼 좋아지는 것은 아니다. 기본적으로 FDM, FFF 방식에서 벗어나지 못하면 표면의 쌓인 결이 남고 출력 속도를 무한정 빠르게 할 수 없기 때문이다.

기계의 품질에도 영향을 받겠지만, 더 중요한 것은 3D 프린터를 사용하는 사람의 노하우와 기계를 잘 유지보수 해주는 것이 좋은 품질의 출력물을 얻을 수 있게 해준다. 여러 번 출력하면서 느낀 것은 정말 잘 나온 출력물을 저가형 프린터에서 얻기 위해서는 4박자에 대한 이해가 필요하다. 첫 번째는 **3D 프린터 기계**, 두 번째는 사용하는 **재료에 대한 물성**, 세 번째는 출력하고 싶은 **모델링의 모양**, 그리고 마지막으로 모델링, 재료, 3D 프린터를 이어주는 **슬라이서 프로그램**이다. 하나씩 자세히 알아보도록 한다.

PART **2**

3D 프린팅을 위한 4박자

4박자(3D 프린터, 재료, 모델링, 슬라이서 프로그램)을 자세히 알아 본다. 어느 것 하나 더 중요한 것 없이 복합적으로 이해하고 있어야 좋은 출력물을 얻을 수 있다. 또한, 출력에 문제가 생겼을 때 원인을 찾기 위해서는 4박자를 두루 알고 있으면 도움이 된다. 이해를 돕기 위해 다양한 명칭으로 혼용되고 있는 경우를 고려하여 제목 하단에 한글과 영어 표기를 함께 표기해 두었다.

+ 1박자 – 3D 프린터
+ 2박자 – 재료(필라멘트)
+ 3박자 – 3D 모델링
+ 4박자 – 슬라이서 프로그램
+ 해보기 – FDM 3D 프린터 사용법 자세히 보기

1박자 : 3D 프린터

쿵

초보 또는 3D 프린터를 처음 이용하는 사용자가 기계의 부품 하나하나를 알 필요는 없다. 하지만 출력할 때 가장 영향을 많이 주는 주요 부분을 알아두면 나중에 문제가 발생했을 때 원인을 찾고 해결하기 쉬워진다. 또한, 만약 3D 프린터 구매를 고려하고 있다면 기계의 주요 특징을 확인하여 자신이 사용하려는 공간과 재료 등을 고려해 볼 수 있다.

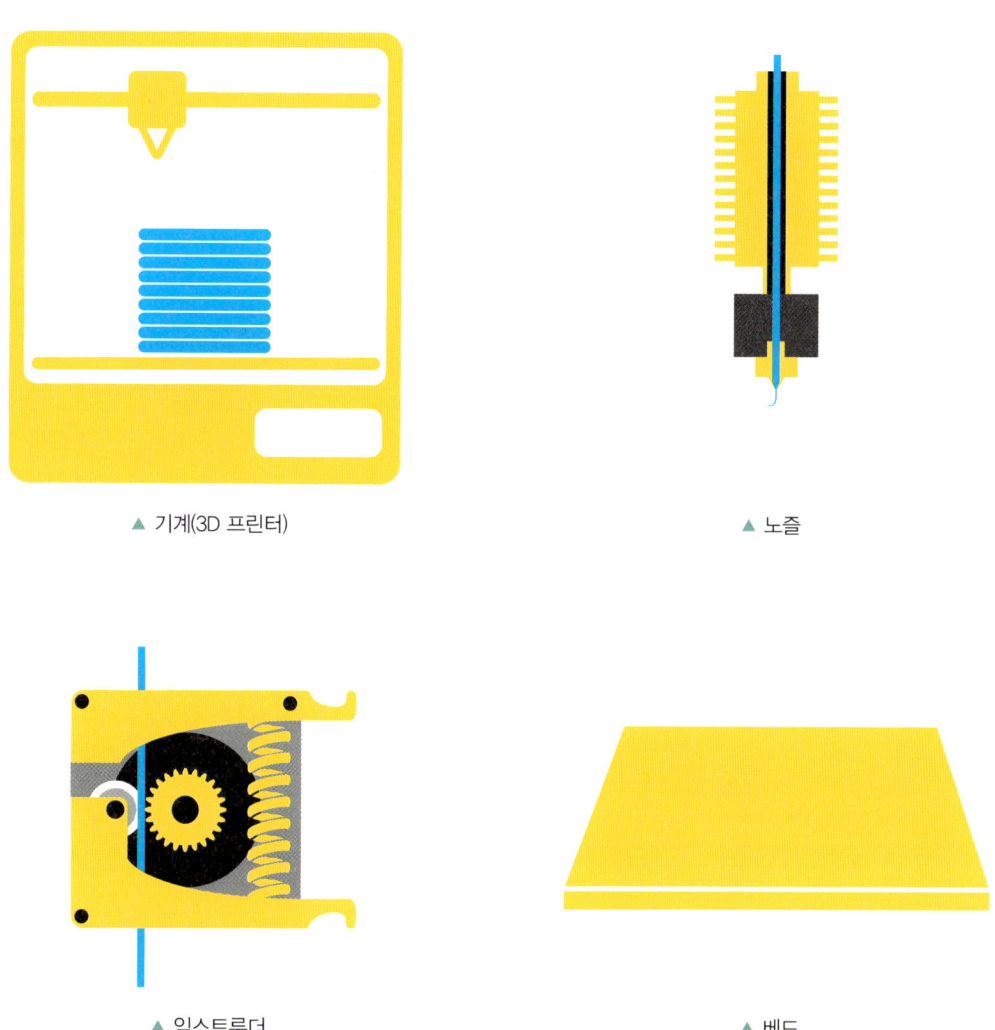

▲ 기계(3D 프린터)   ▲ 노즐

▲ 익스트루더   ▲ 베드

01 기계의 타입(3D Printer)

#기계 #프린터 #3D_프린터

3D 프린터 기계 자체와 주요 부분들을 하나씩 알아 본다. 첫 번째로 기계의 타입에 대해서 알아 보고 그다음 노즐, 익스트루더, 베드, 재료를 차례로 알아 본다.

1. 3D 프린터의 중요 부분

❶ 직교형 3D 프린터

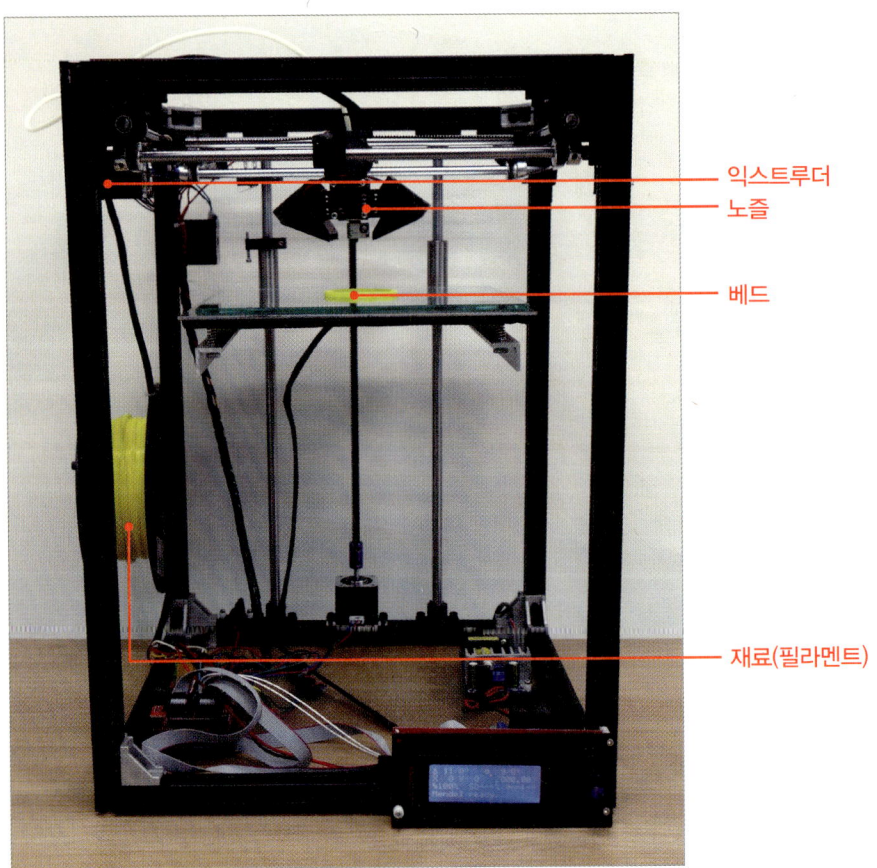

❷ 델타형 3D 프린터

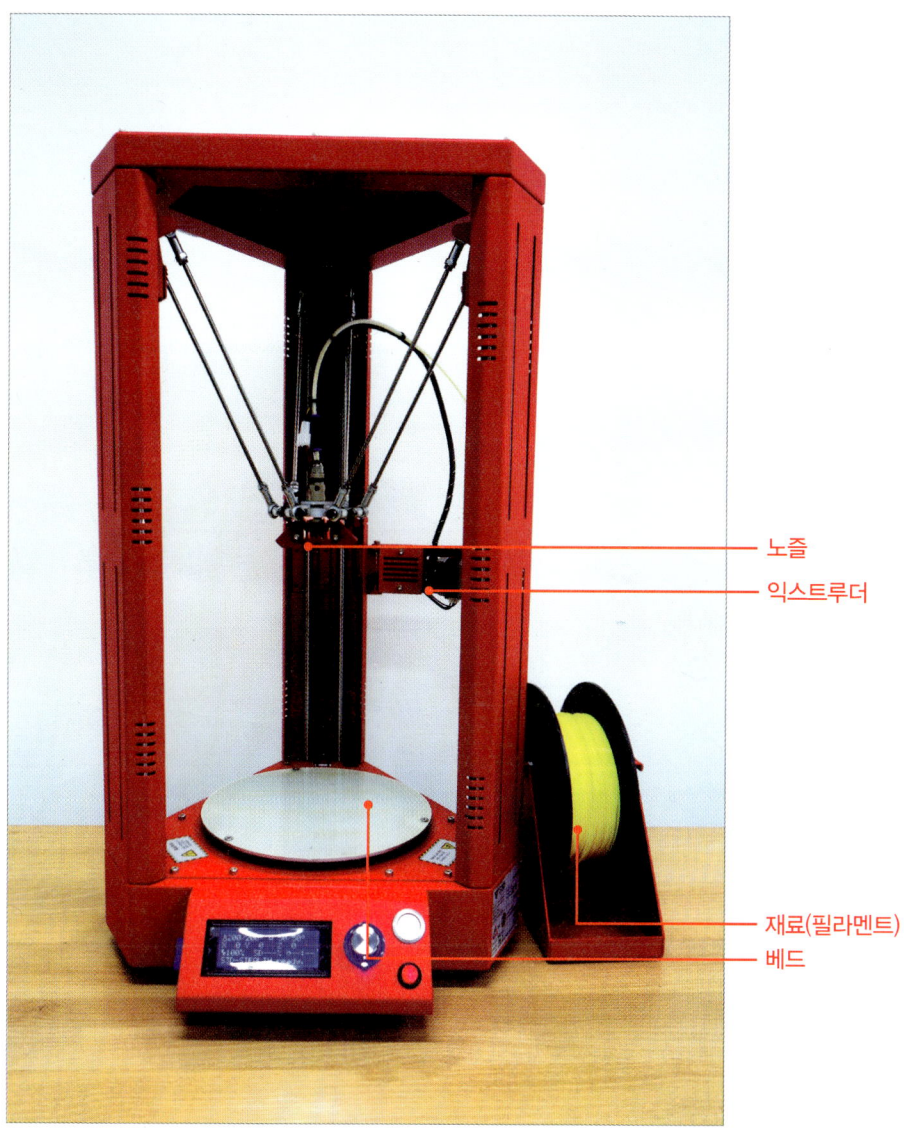

2 직교형 vs 델타형

저가형 FDM 방식의 3D 프린터는 산업용 프린터에 비하면 작고 책상 위에 올려놓고 사용할 수 있으므로 데스크톱 3D 프린터라고 부르기도 한다. FDM 3D 프린터를 보면 외형적으로 크게 다르게 생긴 2개의 프린터가 있는데 직교형과 델타형이다.

1 직교형

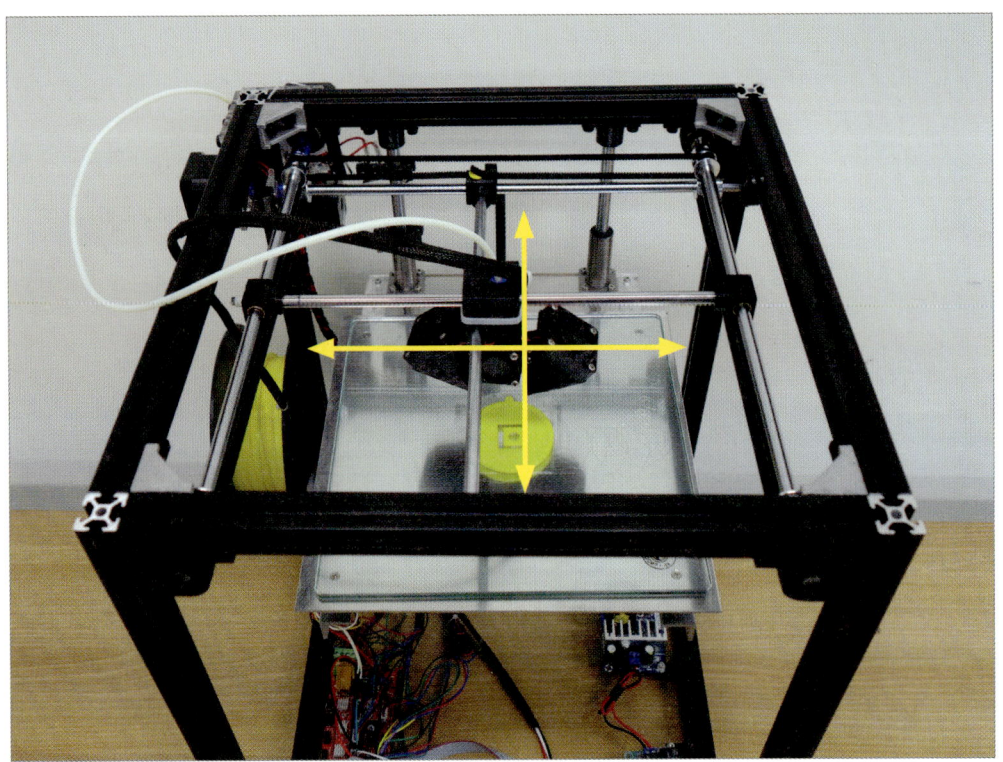

직교형은 노즐이 X, Y, Z 방향의 직각으로 움직이면서 모양을 만드는 3D 프린터이다. 노즐이 직각으로 움직이기 때문에 직선이 많은 모양을 잘 만든다. 둥근 곡선의 모양은 여러 직선으로 끊어져 표현되기 때문에 완벽한 원형의 모양을 표현하기는 어렵다.

직교형 XY-Z 방식

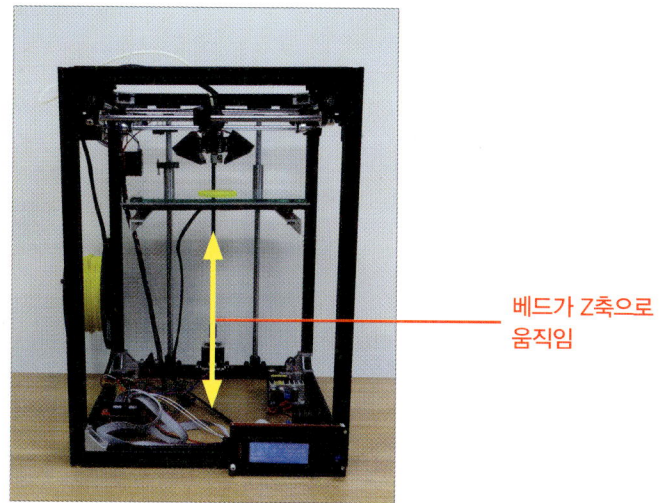

베드가 Z축으로 움직임

직각으로 움직이는 직교형 프린터는 베드가 움직이는 방향으로 크게 2가지로 나눠서 볼 수 있다. XY-Z 방식은 베드가 Z축 방향으로 위아래로 움직이는 프린터이다.

직교형 XZ-Y 방식

베드가 Y축으로 움직임

XZ-Y 베드가 앞뒤로 움직이면서 노즐이 Z축으로 이동하는 프린터로 프루사(Prusa) 멘델 방식이라고도 한다. 원래의 프루사는 오픈 3D 프린터를 만드는 렙랩(RepRap) 프로젝트의 주요 멤버였던 조세프 프루사(Josef Prusa)가 만든 Prusa i3인데, 많은 프린터 회사가 프루사 형태의 프린터를 만들어 판매하고 있다.

❷ 델타형

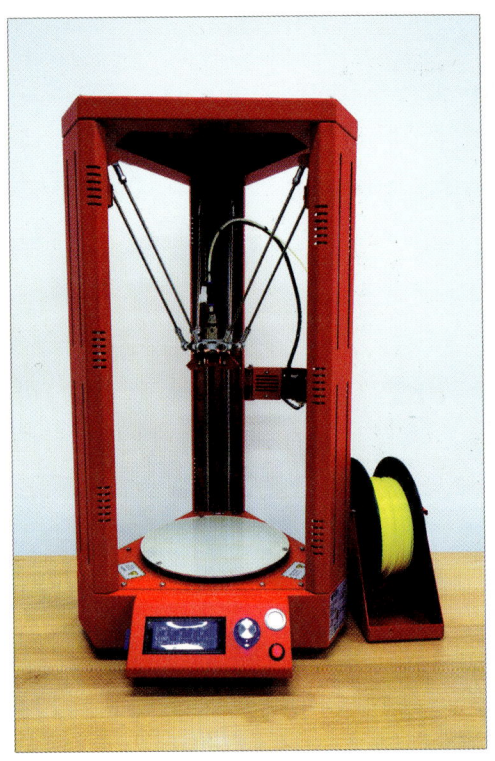 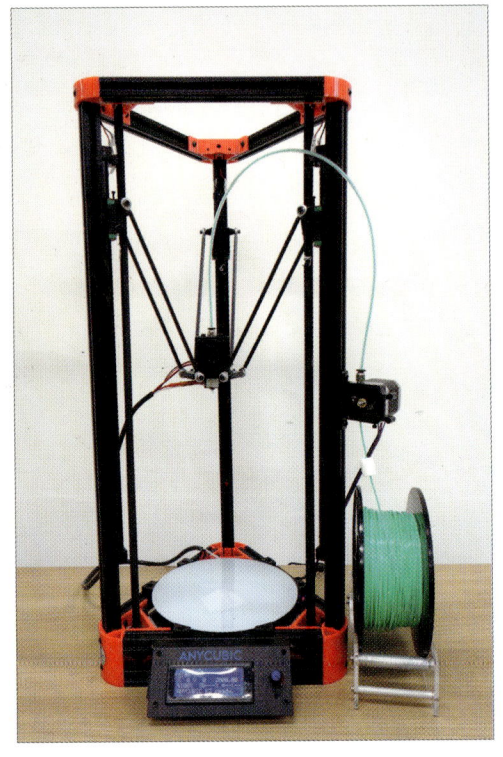

델타형은 3개의 팔이 삼각뿔처럼 노즐에 연결되어 움직이는 기계이다. 각 팔의 높이가 변하면서 노즐이 움직이므로 기계가 직교형보다 길쭉하게 생겼다. 직교형보다 노즐의 이동 속도가 빨라 출력 속도도 빠른 편이다. 그러나 너무 빠르게 출력하면 노즐이 직교형보다 누르는 힘이 덜해 표면이 울퉁불퉁하게 나올 수 있다. 델타형 프린터의 출력 가능 크기는 기구 특성상 위로 올라갈수록 좁아진다. 곡선을 직교형보다 잘 표현할 수 있으며 꽃병과 같은 모양을 만들 때 좋다.

3 : 오픈형 vs 챔버형

3D 프린터의 기구 부분과 출력 부분이 막혀있지 않은 오픈형 프린터가 있고, 기계가 모두 상자에 쌓여 안으로 들어가 있는 챔버형 프린터가 있다. 앞서 보여준 3D 프린터의 사진은 모두 오픈형 프린터였다.

보통 추운 공간에서 출력하게 되면 가열되어서 나온 고체 재료가 바깥의 찬 공기나 차가운 바닥 면과 만나면 수축이 일어나 출력물의 모양이 휠 수 있다. 챔버형은 프린터 안의 출력 공간을 따뜻하게 유지함으로써 수축 현상을 방지해 주기 때문에 오픈형 프린터보다 수축 없이 출력물을 얻을 수 있다. 하지만 챔버형 3D 프린터는 기계를 덮기 위해서 사용된 재료와 가공비 때문에 기계가 비싼 편이며, 출력 가능 크기에 비해서도 기계 자체가 크다.

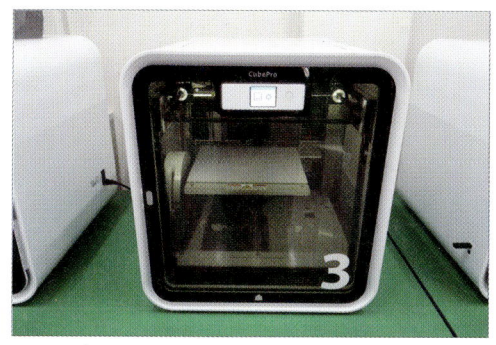
▲ 모든 면이 닫힌 챔버형 3D 프린터

▲ 챔버형 3D 프린터 문을 열고 본 안쪽 모습

4. DIY 3D 프린터는 쓸만한가?

중국에서 판매되는 DIY 3D 프린터의 가격은 매우 매력적이다. 궁금해서 델타 방식 하나와 직교 방식을 하나씩 구매해서 직접 조립하고 사용해 보았다. 델타 방식의 구조가 더 간단하여 직교 방식보다 조립 시간이 짧게 걸렸지만, 바닥의 수평을 잡고 사용하는 것은 직교 방식의 프린터가 더 편리했다. 현재도 개인적으로는 DIY 3D 프린터를 잘 사용하고 있다.

직접 조립한 기계는 조립한 사람에 따라서 출력물의 품질 차이가 날 수 있으며, 3D 프린터에 대한 경험이나 지식이 하나도 없는 상태에서 혼자 작업하기에는 어려움이 있다. 하지만 시간과 노력을 투자해서 FDM 3D 프린터를 공부하고 싶은 사람이라면 저렴한 DIY 프린터는 의미가 있다.

함께 보면 좋은 영상

메이커 다은쌤의
중국산 저가형 DIY 직교형 3D 프린터 만들기
https://youtu.be/UL7HrTEm7Ys

메이커 다은쌤의
중국산 저가형 DIY 델타형 3D 프린터 또 만들기
https://youtu.be/W50A_cxTzwA

5 3D 프린터 관리하기

3D 프린터는 기계이다. 기계도 사람과 같아서 관심을 가지고 잘 보살펴 주어야 고장 없이 오래 사용할 수 있다. 장시간 사용하지 않는 3D 프린터에서는 재료를 분리해둔다.

오픈형 3D 프린터일 경우 사용하지 않을 때 먼지가 쌓이지 않게 커다란 비닐이나 상자로 덮어 두는 것이 좋다. 실제로 노즐에 이물질이 들어가 막힐 수 있으며, 기구 부에 먼지가 들어가 작동 시 더 큰 소음이 발생될 수도 있다. 특히 팬에 플라스틱 조각이 들어가 소음이 나기도 한다. 또한, 노즐을 움직이게 해주는 축에 주기적으로 기름을 칠해주면 좋다.

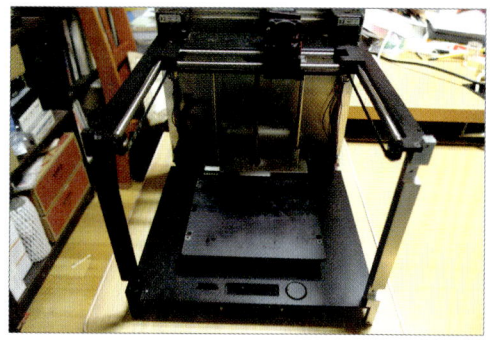 

▲ 3D 프린터를 사용하지 않을 때는 큰 비닐이나 상자로 덮어두어 기구부와 노즐에 먼지가 들어가지 않게 관리한다.

02 노즐(Nozzle)

#핫_엔드(Hot_end) #노즐부 #재료_나오는_구멍

3D 프린터에서 재료가 가열되어 나오는 부분이다. 대부분 저가 FDM 3D 프린터에는 1개의 노즐이 있는 싱글 노즐의 형태이며, 조금 비싼 3D 프린터에는 2개의 노즐을 사용하는 듀얼 노즐 제품도 있다.

노즐의 크기 0.4mm / 1.0mm / 2.0mm

노즐의 구멍이 작을수록 재료가 조금씩 나오면서 모양을 만들 때 세밀하게 표현을 할 수 있지만, 출력 시간은 더 오래 걸린다. 보통 일반적으로 사용되는 노즐의 크기는 0.4mm이다. 3D 프린터 기계마다 다른 모양, 크기의 노즐을 사용하고, 사용자가 원하는 크기의 노즐 교체 가능 여부도 다르다.

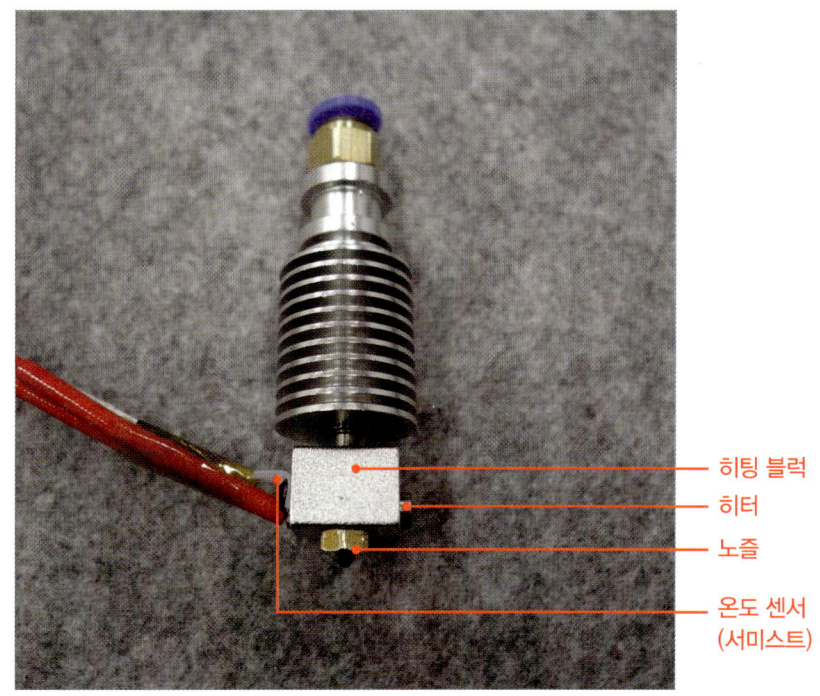

노즐의 바로 위에는 노즐을 뜨겁게 가열해주는 히팅 블록과 온도를 올려주는 히터가 연결되어 있다. 그리고 히팅 블록 안에 온도를 측정해주는 온도 센서도 들어가 있다.

> ⓘ 주의
>
> 노즐은 상황에 따라 200℃ 이상 가열되기 때문에 절대로 맨손으로 만지면 안된다. 특히 노즐의 온도 센서가 빠지거나 제대로 연결되지 않은 상태에서 노즐이 가열되면 히팅 블록이 계속 가열되는 위험한 상황이 일어날 수 있다.

1 : 노즐 주변의 냉각팬

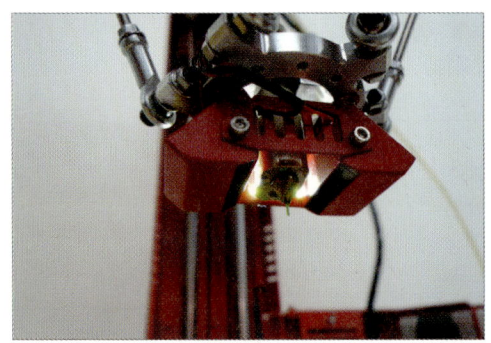

위의 사진은 다양한 3D 프린터의 노즐 부분 모양 사진이다. 3D 프린터의 노즐 부분을 관찰하면 달랑 노즐만 있지 않고 냉각팬이 하나 이상 장착되어 있다. 식히기 위해 바람을 불어주는 팬의 역할을 얕봐서는 안된다. 냉각팬의 역할은 크게 2가지로 나눌 수 있다.

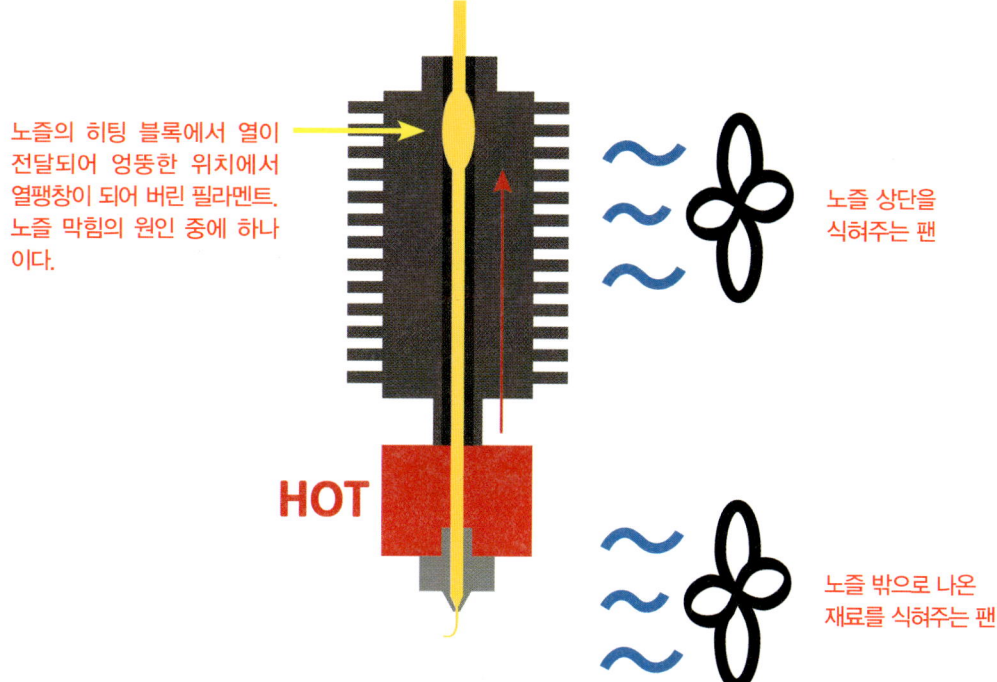

노즐의 히팅 블록에서 열이 전달되어 엉뚱한 위치에서 열팽창이 되어 버린 필라멘트. 노즐 막힘의 원인 중에 하나이다.

노즐 상단을 식혀주는 팬

노즐 밖으로 나온 재료를 식혀주는 팬

팬의 첫 번째 역할은 히팅 블록 위쪽으로 올라오는 열을 식혀 주는 것이다. 히팅 블록은 노즐에서 재료가 녹아 나갈 수 있게 열을 내지만 히팅 블록 위쪽으로 열이 전달되면 재료(필라멘트)가 엉뚱한 위치에서 녹거나 팽창되어 재료 공급을 방해하여 출력을 망칠 수 있다. 특히 장시간 출력하게 되면 발생될 수 있다.

팬의 두 번째 역할은 노즐 밖으로 나온 재료의 열을 식혀주는 것이다. 노즐 밖으로 나온 재료가 식지 않은 상태에서 그 위에 다시 재료가 올라가게 되면, 모양이 무너져 표면이 흘러내린 듯 굳어버려 깔끔한 출력물을 얻지 못할 수 있다.

2 : 노즐이 막혔을 때

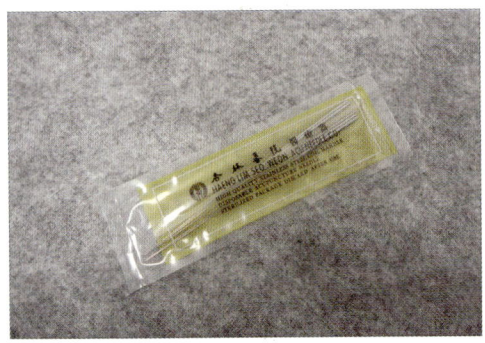

3D 프린터에서 노즐은 가장 중요한 부분이면서 사용 중 가장 고장이 많이 나는 부분이기도 하다. 특히 노즐이 막히는 어려움을 많이 겪는다. 0.4mm의 노즐이 막혔을 때 노즐을 뚫어주는 방법으로 침을 사용하는 방법이 있다. 한의원에서 사용하는 보통 침의 길이는 0.3mm 지름이다. 노즐을 뜨겁게 가열한 상태에서 침을 이용하여 막힌 노즐을 뚫어 본다.

하지만 침을 이용해서 뚫었는데도 출력 도중 다시 막힌다면 노즐에 노즐 구멍으로 나오기 힘든 이물질이 안에 들어간 것이다. 이럴 때는 노즐 자체를 교체해주는 것이 더 좋다.

노즐을 분리해서 청소를 해주는 방법도 있다. 노즐을 분리하는 방법은 기계마다 다르니 확인하고 분해한다. 노즐을 토치나 히팅건으로 뜨겁게 가열하여 노즐 안쪽의 이물질이 밖으로 나오게 한다. ABS를 사용하는 프린터의 경우에는 분리된 노즐을 공업용 아세톤에 담가두면 노즐 안쪽에 남아있던 ABS를 녹이게 할 수 있다.

함께 보면 좋은 영상

메이커 다은쌤의
FDM 3D 프린터 노즐 청소
https://youtu.be/5DUWqaWP_h0

3 노즐 관리하기

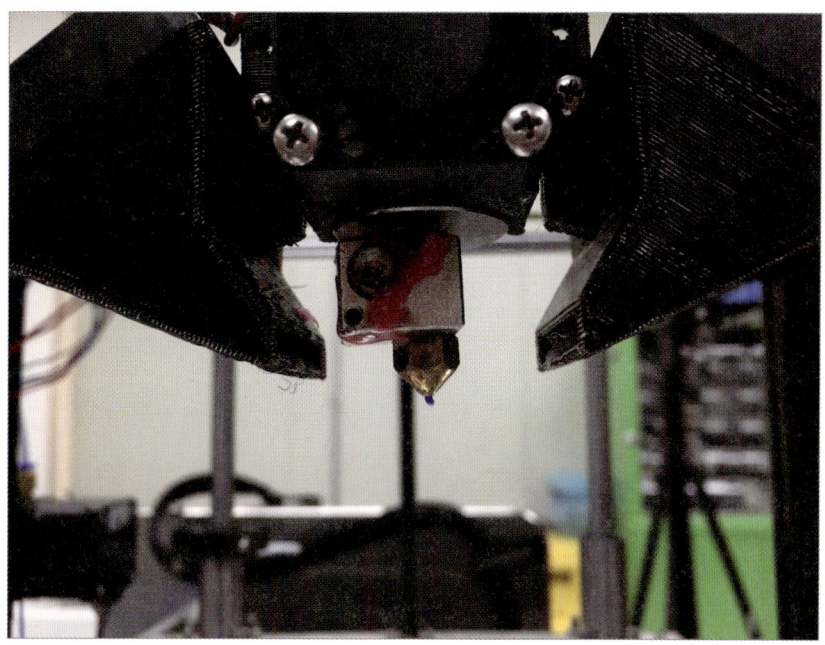

▲ 이물질이 많이 달라 붙어있는 더러운 노즐

노즐은 사용하는 재료에 따라 온도를 맞춰서 사용해야 하며, 특히 재료를 교체해서 사용할 때 더 많은 주의를 기울인다. 재료를 교체할 때 주의할 사항은 60p를 참고한다.

프린팅을 시작했을 때 노즐 주변도 이물질 없이 사용하도록 한다. 노즐 주변에 이물질이 있으면 출력 도중 이물질이 출력물의 엉뚱한 곳에 붙거나, 바닥에 잘 안착한 출력물을 들어 올려 뒤엉켜 망칠 수도 있다.

03 익스트루더(Extruder)

#압출 #압출기 #재료를_밀어주는_부분

글루건은 뜨거운 노즐에서 녹은 글루가 나올 때 사용자가 누르는 힘에 따라서 나오는 글루의 양이 제각각 다르다. 반면 3D 프린터는 재료(필라멘트)가 노즐에서 일정하게 나와야 균일한 표면의 출력물을 얻을 수 있다. 재료를 일정한 힘과 속도로 밀어주는 역할을 하는 것이 익스트루더(압출기)이고, 뜨거운 노즐에서 재료가 녹아나오는 상황을 압출이라고 부른다.

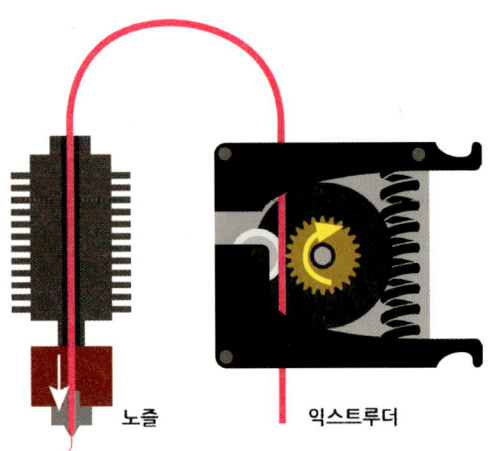
노즐   익스트루더

익스트루더에 연결된 모터가 돌아가는 속도에 따라 노즐에서 재료가 많이 나오기도 하고, 적게 나오기도 한다. 또한 재료를 노즐 밖으로 나올 수 있게 밀어낼 뿐만 아니라, 반대 방향으로 돌아 노즐에서 재료를 빼주는 역할도 하는데 이를 리트랙션이라고 부른다. 재료가 나오지 않으면서 노즐이 이동만 할 때 리트랙션을 해주게 된다. 리트랙션은 좀 더 깔끔한 출력물을 얻을 수 있게 도와주는데 뒤에 슬라이서 파트인 90p에서 더 자세한 설명을 참고한다.

 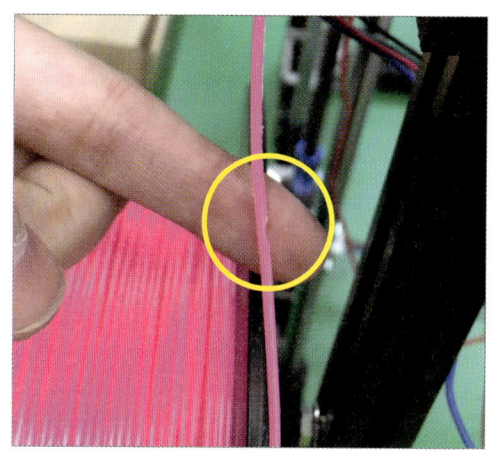

▲ 익스트루더에서 재료를 잡기위해 가해지는 압력   ▲ 압력이 너무 크면 재료가 갈리면서 손상된다.

익스트루더에서는 재료와 모터 사이에 적절한 압력이 필요하다. 재료의 두께나 재질에 따라서 익스트루더 압력의 변화가 필요할 수 있다. 압력이 너무 낮으면 모터는 헛돌고 재료가 제대로 들어가지 않아 노즐에서 일정하게 나오지 않는다. 재료와 모터 사이의 압력이 너무 세면 익스트루더에서 재료가 갈려 익스트루더 사이에 끼어 제대로 공급되지 못할 수도 있다.

1 직결형 vs 보우덴형

3D 프린터에서 익스트루더의 위치에 따라 직결형과 보우덴형으로 나뉠 수 있다.

1 직결형

직결형은 노즐 바로 위에 익스트루더가 있어 재료를 직접 밀어주는 방식이다. 노즐 가까이서 재료를 바로 밀어주기 때문에 재료가 압출되는 힘이 좋다. 하지만 노즐이 이동하면 익스트루더도 같이 움직이기 때문에 노즐 부분이 무겁다. 너무 빠른 속도로 출력하면 반동에 의해 진동의 소음이 보우덴형보다 크게 발생할 수 있다.

❷ 보우덴형

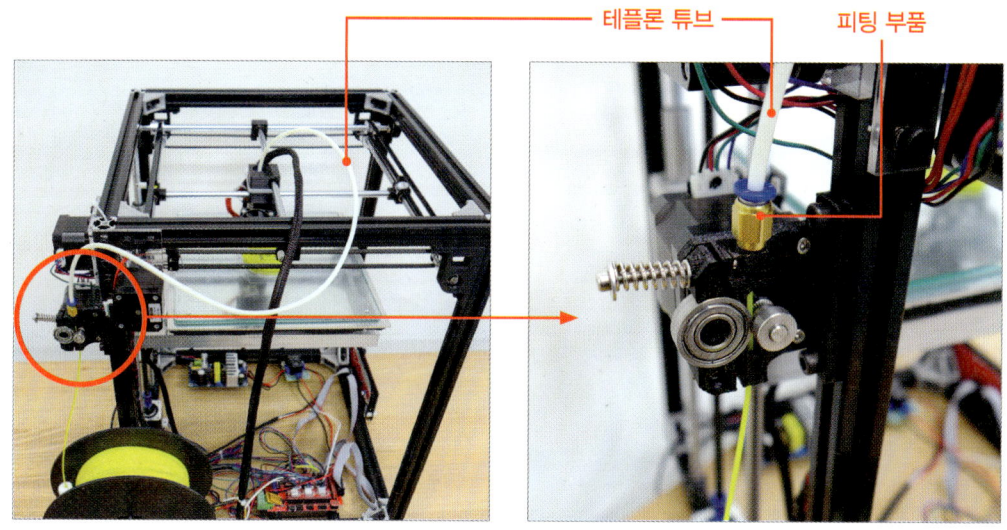

보우덴형은 노즐과 떨어져서 재료를 밀어주는 방식으로 재료 공급을 위해 익스트루더와 노즐 사이를 흰색의 테플론 튜브로 이어 주고 있다. 테플론 튜브처럼 필라멘트가 제공되는 관이 없으면 보우덴형은 사용할 수 없다. 또한 피팅 부품이 테플론 튜브를 잘 잡아주고 있어야 보우덴형 익스트루더에서 재료 공급이 잘된다. 보우덴형은 직결형보다 노즐을 밀어주는 힘은 약하지만, 직결형보다 노즐 부분이 가벼우므로 움직임이 빠르고 진동과 소음이 덜한 편이다.

04 베드(Bed)

#바닥 #바닥_면 #출력_바닥 #조형판

▲ 직교형 3D 프린터 베드

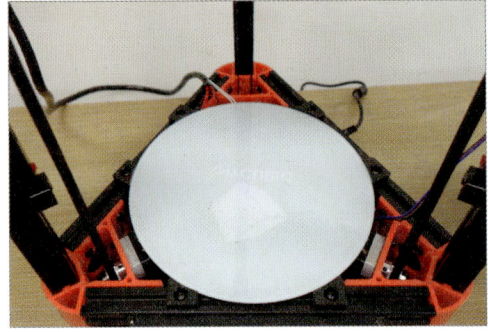

▲ 델타형 3D 프린터 베드

3D 프린터에서 재료가 층층이 쌓아지면서 출력물이 만들어지는 바닥을 베드라고 한다. 베드 사이즈가 넓어야 3D 프린터로 만들 수 있는 출력 기능 사이즈도 커진다. 직교형은 베드가 네모나고 델타형은 베드가 동그랗다.

출력물의 최대 가능 사이즈를 이야기할 때 직교형은 가로 몇, 세로 몇, 높이 몇 mm로 이야기하며, 델타형은 둥근 바닥 넓이 몇 파이(지름), 높이 몇 mm로 이야기한다. 델타형 3D 프린터는 기구 특성상 높이가 올라갈수록 출력 가능 영역이 줄어든다.

1 히팅 베드

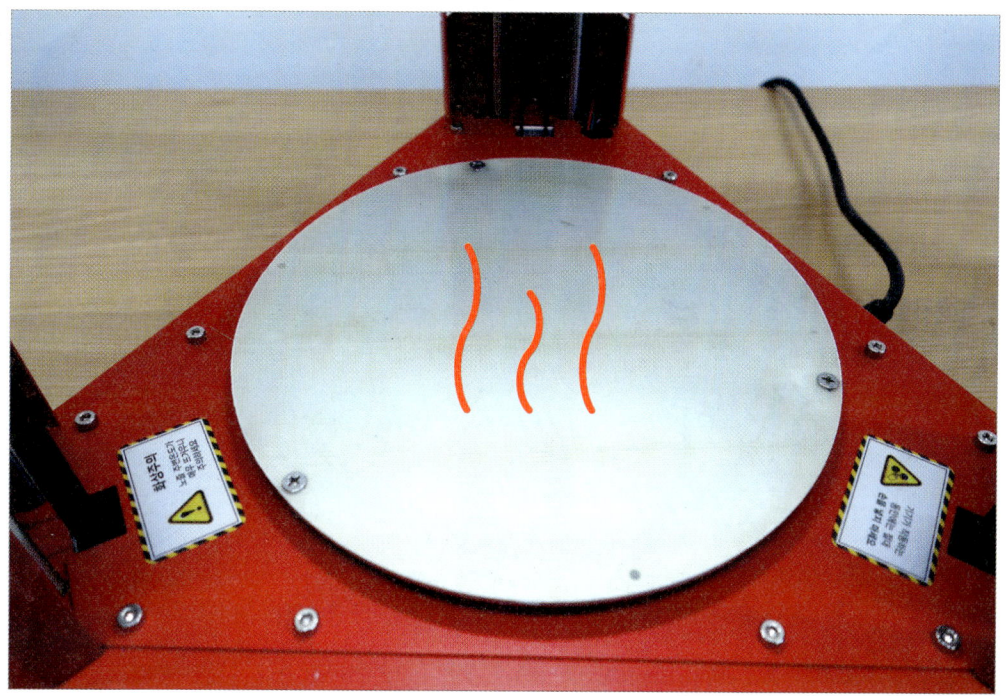

3D 프린터에 따라 베드를 뜨겁게 가열하는 히팅 베드를 가진 기계와 그렇지 않은 기계가 있다. 베드의 가열은 출력 시 재료가 바닥에 더 잘 붙어 있을 수 있게 도와주는 역할을 한다. PLA 재료는 히팅 베드가 없어도 출력할 수 있지만, ABS 재료는 히팅 베드가 없으면 출력할 수 없다. 주로 사용하려는 재료에 맞게 3D 프린터의 기능을 확인해야 한다.

> ⓘ 주의
>
> 히팅 베드가 높을 때는 100°C 이상 올라가기 때문에 맨손으로 만지지 않도록 주의한다.

2 : 분리형 베드 vs 고정형 베드

3D 프린터에는 베드가 기계와 분리가 되는 분리형 베드와 그렇지 않은 고정형 베드가 있다. 완성된 출력물을 베드에서 떼기에는 분리형 베드가 좋으나, 잦은 베드의 분리는 노즐과의 수평이 틀어지게 할 수 있다. 3D 프린터가 챔버형이면서 고정형 베드라면 출력물을 떼고 관리할 때 불편할 수 있다.

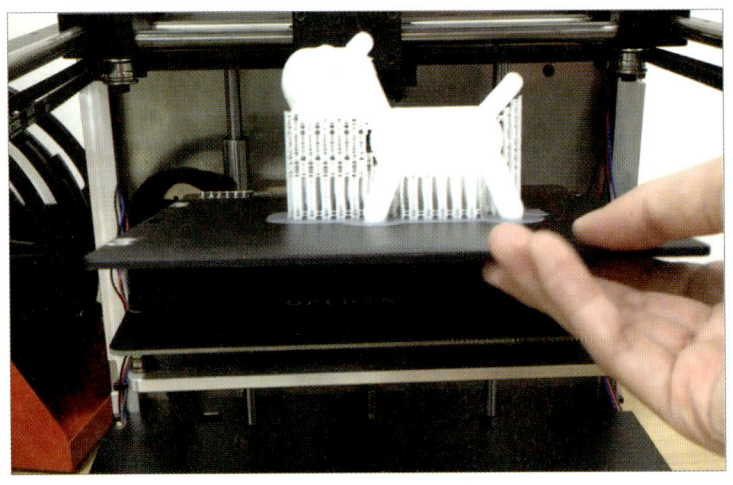

▲ 분리형 베드 – 출력을 완료하고 베드를 3D 프린터에서 분리하고 있다.

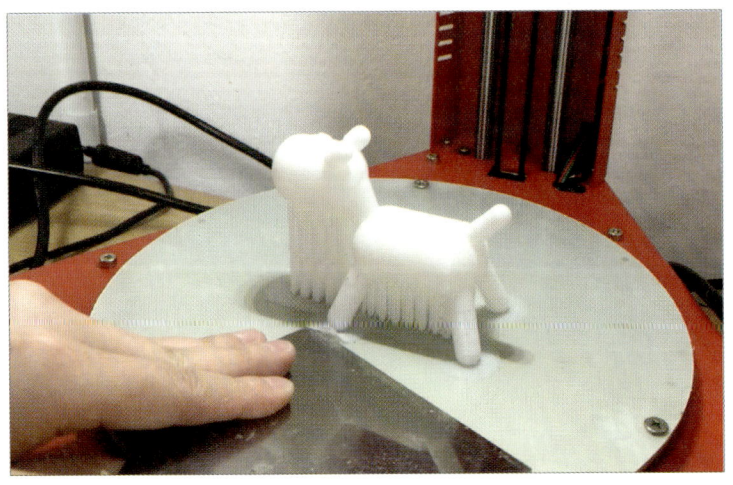

▲ 고정형 베드 – 출력을 완료하고 고정 베드에서 출력물을 떼고 있다.

3 : 베드의 재질

베드의 재질에 따라서 베드와 직접 닿는 출력물의 바닥 면이 다르게 표현될 수 있다. 특히 유리 베드의 경우 출력물의 바닥 면이 광이 난다. 금속 베드의 경우에는 출력물의 바닥이 광이 나지 않는다.

▲ 금속 베드에서 나온 출력물의 바닥 면으로 광이 나지 않는다.

▲ 유리 베드에서 나온 출력물의 바닥 면으로 빛에 따라 광이 난다.

4 레벨링과 오토 레벨링

재료가 베드에 잘 붙어서 안정적으로 3D 출력물을 얻기 위해서는 베드와 노즐 사이의 일정한 간격 유지가 필수적이다. 일정한 간격을 맞추는 과정을 레벨링이라고 부른다. 노즐이 위치가 변해도 베드와 일정 간격을 유지해야 고른 품질의 출력물을 얻을 수 있다.

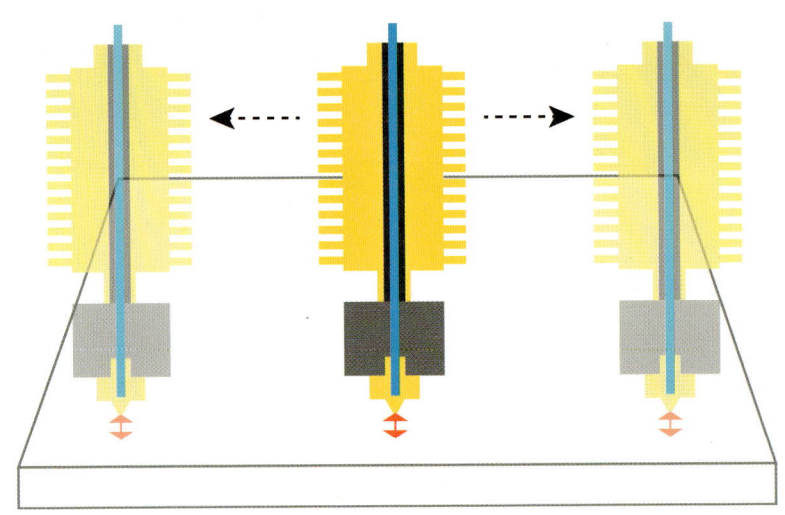

▲ 노즐과 베드 사이 일정 간격을 유지하는 레벨링

초창기 FDM 3D 프린터에서는 수동적으로 사용자가 노즐을 옮겨가면서 노즐과 베드 사이의 높이를 맞춰 사용했다. 요즘은 3D 프린터 안에 접촉식(기구적) 또는 비접촉식(레이저)으로 기계가 스스로 높이를 측정하고 노즐과 베드의 높이를 맞춰 주는 오토 레벨링 기능이 있는 제품들이 많다.

오토 레벨링 기능이 있는 것이 분명 사용에 편리하다. 그러나 오토 레벨링 역시 100% 완벽한 수평을 잡아주는 것이 아니므로 베드의 높이를 수동으로 맞춰야 할 경우도 있다.

많은 사용자들이 명함 종이 한 장 정도의 두께로 노즐과 베드 사이의 간격을 맞춰서 사용한다. 노즐과 베드 사이의 간격에 정확한 정답은 없다. 주로 사용하는 출력물의 레이어 높이를 0.2mm로 설정하는지 0.1mm로 설정하는지에 따라 달라질 수 있다. 첫 번째 레이어가 출력되는 모양을 보고 노즐과 베드의 간격이 올바른지 판단해 본다.

1 알맞은 베드와 노즐의 간격에서는 재료가 일정 힘으로 눌러지면서 균일하게 출력되는 모습을 볼 수 있다.

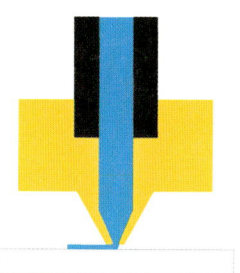

2 노즐과 베드의 간격이 넓으면 재료를 누르면서 나오는 힘이 없다. 재료가 베드에 잘 붙지 않고 일어나게 된다. 또한 재료끼리도 서로 붙지 않아 출력 면에 선 모양이 그대로 보이고 쉽게 뜯어진다.

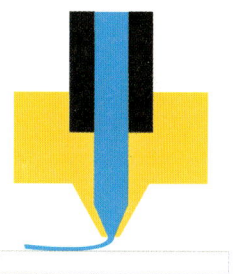

3 노즐과 베드의 간격이 너무 좁으면 재료가 제대로 나오지 못한다. 재료가 너무 얇게 나오고 있거나 익스트루더에서 "딱딱"거리는 소리가 날 수도 있다. 또한, 출력 도중 노즐이 베드를 긁거나, 이미 출력된 형상을 긁으면서 지나갈 수 있다.

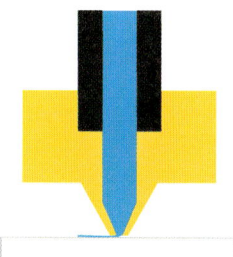

5 베드와 재료의 접착력

베드와 노즐 사이의 간격 다음으로는, 베드 자체에 출력된 재료를 잡아줄 수 있는 접착력이 중요하다. 베드와 출력물의 접착력을 올리기 위해서 사용자가 할 수 있는 행동은 크게 2가지로, 하나는 물리적으로 접착력을 증가시키는 방법과 다른 하나는 슬라이서를 이용해서 베드에 접착되는 면적을 넓게 하는 방법으로 98p를 참고한다. 여기서는 물리적으로 접착력을 증가시키는 몇 가지 방법을 소개한다.

물리적으로 베드와 출력물의 접착력을 높이는 방법은 첫 번째는 앞서 소개한 노즐과 베드 사이의 적절한 간격을 유지하는 것이다. 두 번째는 베드의 온도를 높이는 것이다. 베드에 재료가 붙지 못하는 이유는 뜨거운 재료가 차가운 베드와 만나 수축이 일어났기 때문이다. 추운 공간에서 프린팅하면 출력물이 수축이 일어날 경우가 높다. 히팅 베드의 온도를 올려 베드의 접착력을 높여 본다. 히팅 베드의 기능이 없는 3D 프린터의 경우, 프린팅을 처음 시작하기 전에 베드를 뜨거운 물이나 헤어드라이어로 달궈 주는 방법도 있다.

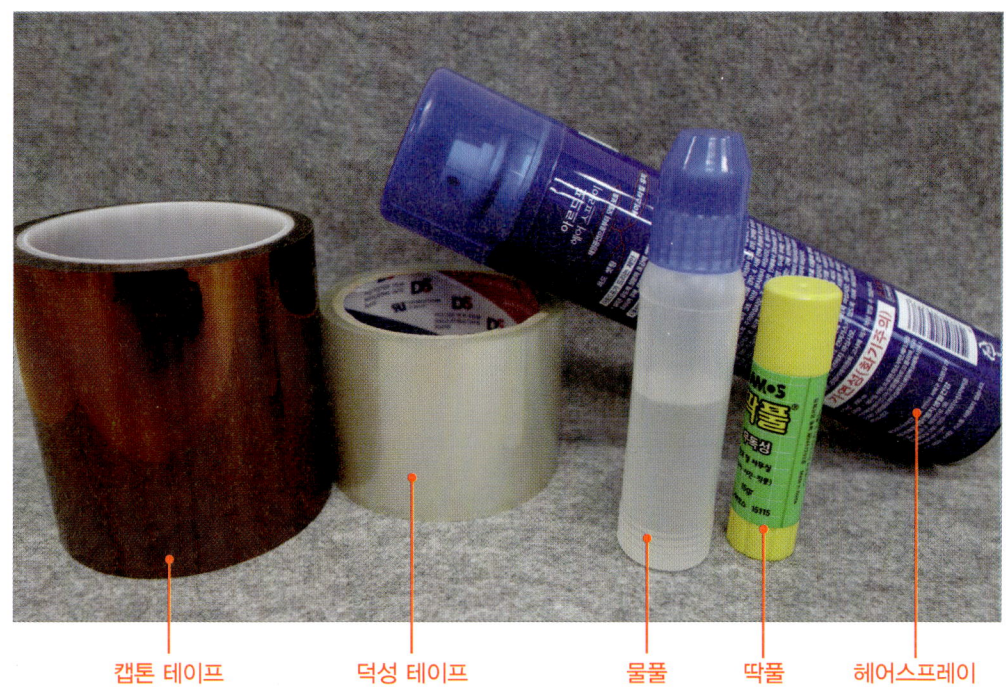

캡톤 테이프　　　덕성 테이프　　　물풀　　　딱풀　　　헤어스프레이

또 다른 방법은 접착력을 높이기 위해 베드 위에 테이프나 접착제를 사용하는 것이다. 실제 많이 사용하는 재료로는 덕성 테이프, 내열 마스킹 테이프, 블루 테이프, 캡톤 테이프, PET 시트, 헤어스프레이, 헤어젤, 물풀, 딱풀 등이 있다. 베드에 테이프를 붙이고 그 위에 풀을 다시 칠해서 사용하는 사람들도 있다. 외국에서는 베드 위에 두고 사용하는 Buildtak과 같은 제품이 나오기도 한다. 3D 프린터 회사에서 특수 풀을 제공해 주는 곳도 있으며 기계마다, 사용자마다 베드의 접착력을 높이기 위한 여러 방법을 사용하고 있다.

> ⓘ 주의
>
> 가열된 노즐과 베드 위에 직접 가연성 헤어스프레이를 뿌리는 것은 매우 위험하다.

6 베드 관리하기

베드가 심각하게 손상되지 않게 잘 사용해야 한다. 레벨링을 잘못 맞춰 노즐로 베드를 긁는 경우 베드에도 손상을 주고 노즐 또한 망가질 수 있다.

베드에서 완성된 출력물을 분리하기 위해서 납작한 스크래퍼를 사용하는 경우가 많은데, 스크래퍼의 끝은 매우 날카로우므로 사용 시 손을 다치지 않게 주의하길 바란다. 스크래퍼를 잘못 사용하면 손뿐만 아니라 베드에 흠집을 만들어 손상을 가게 할 수 있다.

베드의 표면이 손상되거나 울퉁불퉁해지면 재료가 베드에 잘 안착할 수 없다. 또한, 출력물의 바닥 면에 베드가 가지고 있는 자국이 그대로 나타나 보기에도 안 좋다.

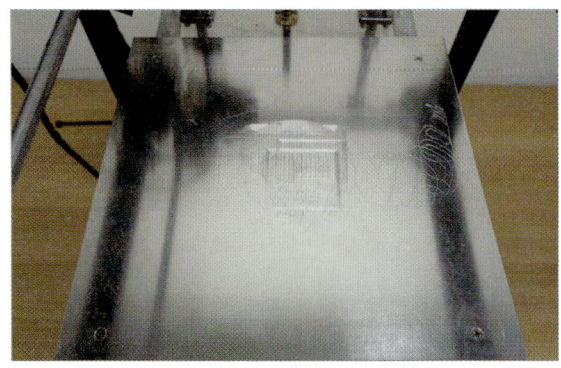

▲ 노즐로 베드를 긁어 흠집이 남음

▲ 출력물을 떼기 위해 사용한 스크래퍼로 인해 손상된 베드

2박자 ─ 재료(필라멘트)

쿵 짝

FDM 3D 프린터에 사용되는 재료는 필라멘트라고 부르며 실타래처럼 재료가 돌돌 말려 있고 롤 단위로 판매된다. 주로 한 롤이 한 가지 색으로 염색되어 1kg 단위로 판매되고 있으며 가장 많이 사용하는 재료의 두께는 1.75mm이다. 3D 프린터 제품에 따라 특정 회사의 필라멘트만 사용 가능한 제품이 있고, 다른 모든 필라멘트를 자유롭게 사용할 수 있게 재료가 오픈된 3D 프린터도 있다.

3D 프린터에서 가장 많이 사용되는 재료는 PLA(PolyLactic Acid)와 ABS(Acrylonitrile Butadiene Styrene)이다. ABS는 열가소성 수지로 우리 생활에서 사용하는 플라스틱에 많이 이용되고 있다. 대표적으로 레고 블록도 ABS로 만들어졌다. PLA는 옥수수에서 추출한 식물 전분으로 만들어진 분해성 열가소성 수지이다. 라벨이 붙어있지 않는 상태에서 ABS와 PLA를 맨눈으로 구분하기는 쉽지 않다. 하지만 두 재료는 확실히 다르므로 사용 시 주의해야 한다.

특히 재료의 녹는 온도가 다르므로 노즐 온도를 잘못 맞추면 노즐이 막혀 재료가 나오지 않을 수 있다. 주로 ABS는 230~270℃ 사이에서 가열하여 사용되며, PLA는 180~210℃ 사이에서 가열하여 사용된다. 같은 재질이라도 제조된 회사에 따라 또는 색상에 따라 노즐에서 녹는 온도가 차이날 수 있다.

1 ABS 특징

ABS가 PLA보다 더 단단하고 습도에 강하지만 수축이 심해 초보자가 사용하기에 까다로울 수 있다. 히팅 베드가 없는 3D 프린터에서는 사용할 수 없으며, 히팅 베드가 있다 하더라도 주변의 온도가 일정하게 유지되지 않으면 수축으로 출력물의 모서리가 쉽게 들뜨고 휘게 마련이다. 가열된 노즐에서 나오는 ABS 냄새도 좋지 않고 유해 물질도 있으니 항상 환기가 잘 되는 공간에서 사용한다.

FDM 3D 프린터에서 출력된 출력물의 표면을 매끈하게 만드는 대표적인 방법은 아세톤 훈증이다. 기화된 아세톤이 출력물의 표면을 살짝 녹이는 방식으로 ABS 재료는 아세톤 훈증으로 후가공할 수 있다. 아세톤 훈증으로 표면을 녹이는 방식은 모양에 따라 많이 녹거나 덜 녹는 부분이 발생할 수 있어 정확한 치수가 필요한 출력물에는 하지 않는 것이 좋다. 또한, 아세톤 훈증 역시 냄새가 거북하니 환기가 잘 되는 공간에서 작업해야 한다.

2 PLA 특징

PLA는 ABS보다 수축이 덜해 다루기가 쉬워 처음 3D 프린터를 사용하는 사람들에게는 먼저 PLA 사용을 추천한다. 노즐에서 가열 시 ABS보다 유해 물질이 덜 나온다고는 하나 그래도 환기가 잘되는 공간에서 사용하길 바란다.

PLA는 습도와 온도에 약한 재료이다. 실제로 PLA 출력물을 끓는 물에 넣었다가 꺼내 힘을 가하면 구부릴 수 있다. PLA는 습도에 약하기 때문에 한 번 개봉 후 사용하지 않는 PLA 필라멘트는 실리카젤과 지퍼백에 넣어 보관해야 한다.

PLA로는 아세톤 훈증을 통해 후가공할 수 없다. 또한, 열에 약하기 때문에 강한 사포질은 표면을 부드럽게 하는 것이 아니라 열로 인하여 표면을 녹게 만들 수 있다. 후가공을 하고 싶은 작업물이라면 PLA보다 ABS를 사용하는 것을 추천한다.

3 특수 필라멘트

인터넷에 필라멘트를 검색해 보면 나무, 금속, 야광, 온도 또는 UV에 색이 변하는 필라멘트, 말랑말랑한 고무 같은 플렉서블 필라멘트까지 다양한 제품이 생산되고 있음을 알 수 있다. 모든 것을 사용해 본 것은 아니지만 분명 단색의 플라스틱을 넘어 다른 것을 만들어 보고 싶은 메이커들에게는 매력적인 실험 재료들이 많다.

특수 필라멘트를 사용하는 것은 쉽지는 않다. 재료의 녹는 온도도 다르지만 경우에 따라서 익스투르더의 압력을 변경해야 될 수도, 슬라이서 프로그램에서 더 많은 세팅 값의 조정이 필요할 수 있다. 잦은 테스트로 재료의 물성에 잘 맞는 값을 찾아야 좋은 품질의 출력물을 얻을 수 있다.

다른 재료를 사용할 때는 재료의 사용 온도를 확인하고 사용하길 바라며 사용 후에는 노즐을 깨끗이 청소해주길 바란다.

함께 보면 좋은 영상

메이커 다은쌤의
플렉서블 재료 사용 팁
https://youtu.be/QKEtLzB6UOM

4 3D 프린터에서 재료(필라멘트) 교체 시 주의 사항

재료의 재질이나 색상을 바꾸기 위해서 3D 프린터에서 재료를 교체할 때 주의해야 할 사항을 알아 본다. 첫 번째로 노즐을 충분히 가열시켜야 한다. 급한 마음에 노즐의 가열 도중에 힘으로 잡아서 필라멘트를 빼려고 하면 안된다. 그러면 필라멘트가 엉뚱한 위치에서 팽창되어 노즐에서 나오지도 들어가지도 못하는 상황이 발생할 수 있다.

노즐이 충분히 가열되었다면 재료를 뒤로 빼지 말고 우선 노즐 방향으로 살짝 밀어 넣는다. 노즐 밖으로 재료가 조금 새어 나온 것을 확인하고 재료를 노즐에서 뺀다. 이렇게 해야 최대한 노즐에 이전 사용 재료를 적게 남기면서 제거할 수 있다.

새로 사용할 재료를 넣었다면 출력을 바로 시작하지 말고 재료를 노즐 밖으로 5cm 이상 밀어 쭉 빼준다. 노즐 안에 남았던 이전에 사용했던 재료가 충분히 밖으로 다 나갈 수 있게 해준다. 그다음에 출력을 시작한다.

단순한 색상 교체 말고 PLA, ABS, 플랙서블 등 다양한 재료를 하나의 프린터에서 자주 교체하면서 사용하는 것은 노즐에 좋지 않다. 그래도 사용해야겠다면 노즐에 전에 사용했던 재료가 남아 있지 않게 주의하면서 사용해야 한다. 노즐에 이전 사용 재료가 남아 있지 않게 하는 방법으로는 노즐을 뜨겁게 가열한 상태에서 사용할 재료를 뒤에서 강하게 밀어주는 방법이 있다.

5 재료(필라멘트) 관리하기

주로 1kg의 1롤 단위로 필라멘트를 판매하기 때문에 한 번에 모든 재료를 소진하는 것은 어렵다. 그래서 한 번 사용한 재료는 다음 사용을 위해 잘 보관해야 한다. 보통 필라멘트를 구입하면 안에 실리카겔(제습제)이 함께 들어가 있다. 버리지 말고 사용하다 남은 재료의 필라멘트와 함께 지퍼백에 넣어 보관한다. 특히 습도에 약한 PLA는 잘 보관하여야 다음에 무리 없이 사용할 수 있다. 개봉이 오래되고 밖에 장기간 노출된 필라멘트는 출력 도중 필라멘트가 뚝뚝 끊기기도 하고 필라멘트에 묻은 먼지가 노즐로 들어가 노즐 막힘을 유발할 수 있다.

 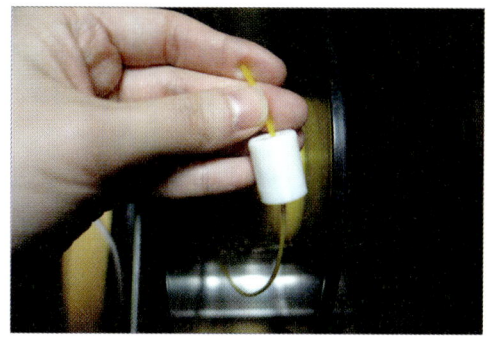

▲ 서로 묶여 버린 필라멘트 제대로 풀리지 않는다.   ▲ 필라멘트의 시작 부분을 표시하기 위해 흰색 출력물을 끼어두었다.

공장에서 필라멘트가 제작되어 나올 때는 꼬임 없이 잘 감아져서 나온다. 사용자의 부주의로 인해 필라멘트가 서로 꼬여 롤에서 묶이는 일이 발생할 수 있다. 필라멘트가 제대로 풀리지 않으면 재료 공급이 불안정하여 지저분한 출력물을 얻게 된다. 사용 이후 분리한 필라멘트의 시작 부분을 다른 곳에서 꼬이지 않게 잘 표시하고 관리한다.

함께 보면 좋은 영상

메이커 다은쌤의
3D 프린터 재료 필라멘트 관리하기
https://youtu.be/CkDO8CX8jGs

6 재료에 따른 후가공

3D 프린터의 출력물의 완성도를 높이기 위한 방법의 하나로 후가공이 있다. 후가공은 이미 프린팅이 완료된 출력물을 더 좋게 보이게 만드는 방법으로 크게 표면을 매끄럽게 하는 과정과 채색 과정으로 나눠볼 수 있다.

FDM 방식으로 프린팅한 출력물에는 플라스틱이 삐죽 나와 있기도 하고 표면에는 층층이 쌓아 결이 남아있다. 출력물의 품질을 높이고 채색이 잘되게 하려면 매끄러운 표면이 필요하다. 채색은 또 하나의 다른 전문 분야로서 이 책에서 소개하지는 않는다. 필요하다면 인터넷에서 피규어, 프라모델 등 관련 채색 자료를 찾아 본다. 3D 프린터의 출력물 표면을 매끄럽게 만드는 몇 가지 후가공의 방법을 소개한다.

① 기본 도구

우선 기본적인 도구를 사용하여 출력물을 다듬는다. 가장 많이 사용하는 기본 도구 몇 가지를 소개한다.

스크래퍼
납작한 주걱처럼 생긴 스크래퍼는 베드에서 출력물을 분리할 때 사용한다.

니퍼, 플라이어
출력물의 서포터, 브림을 자르거나 중간에 삐죽 튀어나온 플라스틱 부분을 자를 때 사용한다.

사포
표면을 갈아서 매끄럽게 만들어 주는 도구로 종이 사포는 저렴하게 구매할 수 있다. 스펀지 사포나 포스트잇처럼 한 장씩 뜯어서 사용하는 사포들도 있으니 참고한다. PLA에 강한 사포질은 열을 발생하여 오히려 출력물의 표면을 거칠게 할 수 있다. PLA는 사포질이 잘 되지 않지만 해야 한다면 물을 묻혀서 사포질 하는 것을 추천한다.

줄
사포처럼 출력물을 다듬을 수 있다. 줄의 모양에 따라 둥글게 또는 납작하게 연마가 가능하다. 하지만 역시 PLA를 다듬을 때는 주의해서 사용한다.

❷ 추가 도구

꼭 필요한 도구는 아니지만 이런 도구들도 사용되고 있으니 참고용으로 소개한다.

전동 조각기, 드레멜
고속으로 회전하는 전동 조각기로 다양한 모양의 날과 연마 도구들을 이용할 수 있다. 그러나 역시 PLA를 연마할 때는 열이 발생하여 표면이 더 거칠어질 수 있으니 주의한다.

Solder Doodle
인두기처럼 생긴 도구로 다양한 모양의 팁을 꽂아서 열을 이용하여 출력물을 다듬거나 모양을 변경할 수 있는 도구이다.

 함께 보면 좋은 영상

메이커 다은쌤의
3D 프린터와 함께 쓰는 도구 사용 - 출력물 분리, 서포트 제거
https://youtu.be/aRqdRU0HEpA

③ 아세톤 훈증

출력물의 결을 녹여서 없애는 대표적인 방법이 아세톤 훈증이다. 아세톤 훈증은 액체에서 기화된 아세톤의 기체로 출력물의 표면을 녹이게 만드는 것인데 ABS 플라스틱만 가능하다. 즉, PLA 플라스틱은 아세톤 훈증이 되지 않는다.

농도가 높은 공업용 아세톤을 사용한다. 매니큐어 리무버로 사용하는 아세톤은 후가공이 되지 않는다. 아세톤은 물보다 쉽게 증발하기 때문에 밀폐된 용기에 아세톤을 적신 티슈와 출력물과 같이 넣고 1~2시간 기다리면 된다. 또는 아세톤을 가열하여 더 짧은 시간에 훈증을 할 수도 있고 아세톤을 직접 ABS 출력물에 바르는 사람도 봤다. 어쨌든 아세톤에 의하여 녹은 ABS 출력물은 층층이 쌓인 결이 없어지고 광이 난다. 또한, 출력물도 더 단단해진다. 아세톤 훈증의 냄새는 매우 좋지 않으므로 환기가 잘 되는 공간에서 작업한다.

하지만 아세톤 훈증은 출력물의 형상과 아세톤의 위치에 따라서 녹는 정도의 차이가 발생하며, 딱 몇 mm만 녹게 하는 것은 거의 불가능하다. 다시 말해 치수가 정확해야 하는 출력물에는 아세톤 훈증을 하지 않는 것이 좋다.

▲ 왼쪽에는 3D 프린팅 출력물 그대로의 모습이고,
오른쪽은 아세톤 훈증을 하여 매끄러운 표면을 갖게 된 출력물의 모습이다.

④ 퍼티, 에폭시 등 바르기

아세톤 훈증은 출력물의 표면을 녹여서 매끄럽게 만드는 후가공이었다면 출력물에 무엇을 덧발라서 층층이 레이어를 메꿔주는 방법이 있다. 대표적으로 붉은색의 퍼티를 발라주고 사포로 다듬거나 에폭시 계열을 XTC를 발라줄 수도 있다. 에폭시나 퍼티는 ABS, PLA 상관없이 발라 후가공할 수 있다.

▲ 왼쪽부터 아무것도 안 칠함, 매니큐어 바름, XTC-3D 바름

아무것도 바르지 않은 출력물의 표면 위에 펜으로 그림을 그리면 레이어 사이사이로 색이 번지는 것을 볼 수 있다. 반면 매니큐어나 XTC-3D를 바른 표면에는 광이 생기고 펜으로 그림을 그렸을 때 잉크가 번지지 않는 것을 볼 수 있다.

 함께 보면 좋은 영상

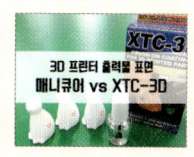 메이커 다은쌤의
3D 프린터 출력물 표면, 매니큐어 vs XTC-3D 후가공
https://youtu.be/7X5hMwBNbVs

 **TIP 1**

집에서 쉽게 찾는 도구들

우리 생활에서 쉽게 접할 수 있으면서도 쉽게 사용할 수 있는 가성비가 좋은 도구들을 몇 가지 소개한다.

❶ 쪽가위

출력물의 안쪽에 조금 삐져나온 것을 다듬고 싶은데 니퍼는 이가 너무 크고 두꺼워서 들어가지 않을 때가 있다. 이때 쪽가위를 사용해 본다. 쪽가위는 이가 날카롭고 얇아서 표면 위를 바짝 자르고 싶을 때 유용하다.

❷ 손톱 다듬기

사포가 없을 때 대용으로 사용할 수 있는 도구이다. 물론 심하게 문지르면 PLA 경우 표면이 녹으면서 더 거칠어질 수 있으니 사용할 때 유의한다.

❸ 매니큐어

출력물을 채색할 때 개인적으로 많이 이용한다. 특히 매니큐어는 출력물 표면을 광나게 만들 수 있어서 좋다.

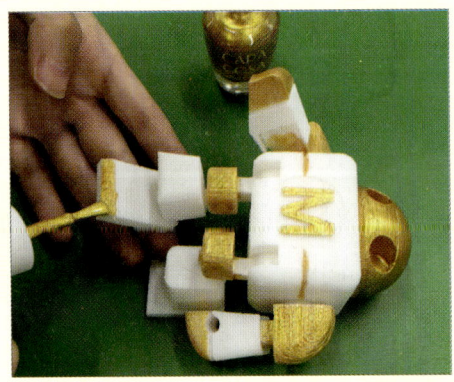

3박자 3D 모델링

쿵 짝 쿵

3D 프린터와 재료가 준비되었다면, 잉크 프린터를 사용할 때 인쇄할 문서 파일이 필요한 것처럼 3D 프린터에서 출력을 실행할 파일이 필요하다. 우선 3D 프린터로 출력할 3D 모델링 파일이 필요하다.

3D 모델링 파일은 사용자가 직접 CAD(Computer-aided design) 프로그램을 이용하여 만드는 방법과 인터넷의 공유 사이트를 통하여 얻는 방법이 있다.

1. 3D 모델링 공유 사이트

인터넷에 3D 모델링을 공유하는 국내, 해외의 대표적인 사이트를 적어 두었다. 3D 모델링 파일은 사이트마다 무료 또는 유료로 공유되고 있다. 국내에도 운영 중인 사이트는 있지만, 해외에 3D 프린터 사용자가 더 많기 때문에 해외 사이트에서 많은 모델링 자료를 접할 수 있다.

해외	국내
www.thingiverse.com	www.makersn.com
pinshape.com	www.paprika3d.com
www.myminifactory.com	www.3dupndown.com
cults3d.com/en	www.yourmoment.co.kr
www.youmagine.com	
sketchfab.com	
www.turbosquid.com	
3dwarehouse.sketchup.com	
grabcad.com	
www.gambody.com	

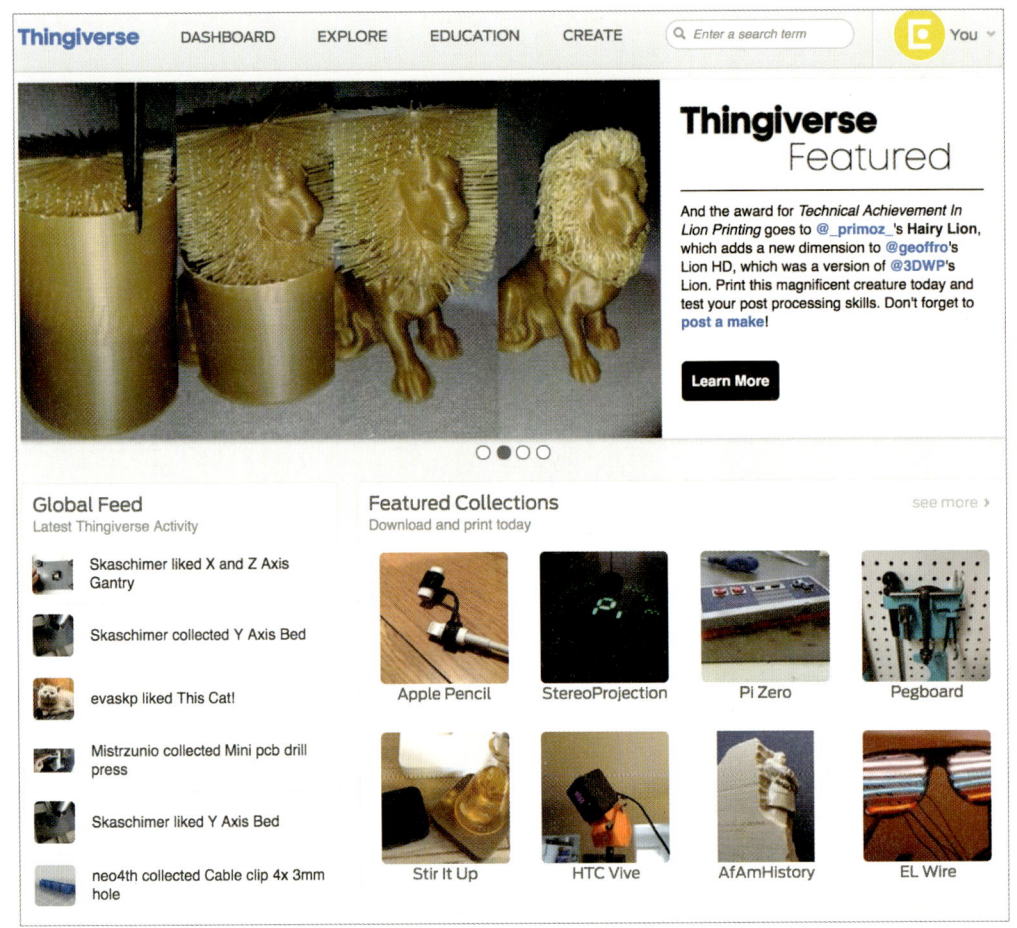

▲ 전 세계에서 많이 사용하는 대표 사이트〈www.thingiverse.com〉

하지만 공유된 모델링 파일이 FDM 3D 프린터로 잘 출력된다는 보장은 없다. FDM 3D 프린터의 사용을 고려하지 않고 모양만 만들어 공유되고 있는 모델링 파일도 있을 수 있고, SLS, DLP 프린터로 만들어야 출력이 잘되는 모델링도 있다. 출력을 시작하기 전에 다운로드 받은 모델링의 모양을 FDM에서 잘 나올지 확인한다.

> ⓘ 주의
>
> 3D 모델링 파일을 내려받아 사용할 때는 원작자가 표시해둔 라이센스를 꼭 확인하고 사용하도록 한다.

2 : 3D 모델링 프로그램

3D 모델링은 입체적인 3차원 형상의 데이터를 컴퓨터를 활용하여 만드는 과정을 말한다. 원하는 형상의 3D 모델 파일을 만들기 위해서는 CAD 프로그램을 사용할 줄 알아야 한다. CAD(Computer-Aided Design)는 컴퓨터를 이용하여 설계하는 것을 부르는 말로 Auto CAD, 스케치업, CATIA, Solidworks, 인벤터 등 다양한 CAD 프로그램이 있다.

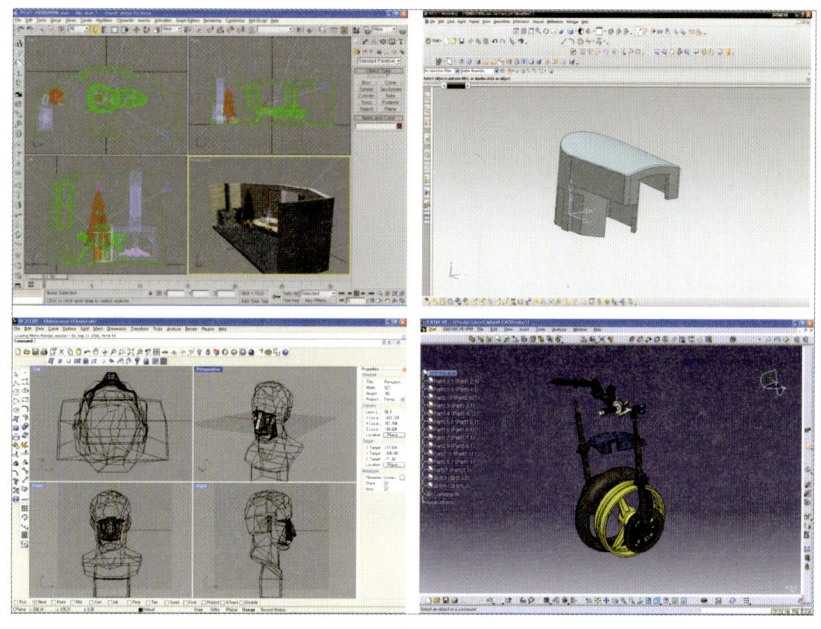

▲ 대학교 때 다은쌤이 배웠던 다양한 CAD 프로그램이다.
왼쪽 상단부터 시계 방향 순서대로 3D MAX, NX6, CATIA, Rhinoceros

3D 모델링 프로그램은 오래전부터 건축, 제품, 자동차, 게임, 영화 산업 등에서 사용되어 왔고 전문가들만 사용하는 비싼 유료 프로그램이 대부분이었다. 근래에 들어와 인터넷의 발전과 오픈소스의 확장으로 무료로 공개되어 사용할 수 있는 CAD 프로그램들이 생겨났다. 더하여 이전에 복잡했던 프로그램의 사용성도 직관적이고 쉬워지고 있다. 다양한 3D 모델링 프로그램 중에서 무료 오픈소스로 사용 가능한 대표 3D 모델링 프로그램을 몇 가지 소개한다.

Tinkercad
Autodesk 사에서 배포 중인 프로그램으로 컴퓨터에 프로그램 설치 없이 웹에서 모델링 작업이 가능한 프로그램이다. 직관적으로 모델링을 할 수 있으므로 초보자나 어린이가 배우기 쉬운 프로그램이다.

SketchUp
구글에서 배포 중인 프로그램으로 단면에 스케치 도면을 그려 모델링 작업을 할 수 있다. 건축 분야에서 많이 활용된다.

OpeNSCAD
마우스가 아니라 만들고 싶은 모양의 스크립트를 작성하며 모델링을 만드는 프로그램이다. 수학적인 계산식을 넣어 기하학적인 모양을 만들 때 유리하다.

Blender
무료 오픈 3D 모델링 프로그램 중에서는 가장 다양한 기능을 제공하고 있는 프로그램이다. 다만 기능이 너무 많아 초기에 배울 때는 어려울 수 있다.

Sculptris
찰흙을 주물러 만들듯이 모델링을 하는 프로그램으로 정확한 치수를 입력하기 보다는 비율로 모델링 작업이 이루어진다. 사람, 동물, 캐릭터 등 만들 때 유용한 모델링 프로그램이다.

> **주의**
>
> 이전에 다른 모델링 프로그램을 다뤄본 사람들은 그 프로그램을 이용하여 모델링 작업을 해도 된다. 단, FDM 3D 프린팅을 위한 모델링을 만들 때 서페이스 작업보다는 솔리드 작업으로 해야 프린팅 했을 때 문제없이 출력된다. 서페이스를 이용하여 모양을 만들었는데 면과 면이 정확하게 붙지 않았다면, 3D 프린터로 출력했을 때 면이 이상하게 나올 수 있으니 주의한다.

▲ 쉽게 시작할 수 있는 모델링 프로그램 Tinkercad

처음 모델링을 배우는 사람이라면 다은쌤은 가장 먼저 Tinkercad를 추천한다. 컴퓨터의 그림판 프로그램처럼 직관적으로 모델링 작업을 할 수 있고 사용이 쉬워 처음 모델링을 배우는 사람들이 금방 배울 수 있다. 또한 프로그램 설치 없이 웹에 접속하여 작업하는 모델링 프로그램으로 컴퓨터의 사양에 크게 신경 쓰지 않고 사용할 수 있다. 유튜브에 "메이커 다은쌤의 틴커캐드"를 검색하면 함께 배울 수 있는 영상이 나오니 참고하길 바란다.

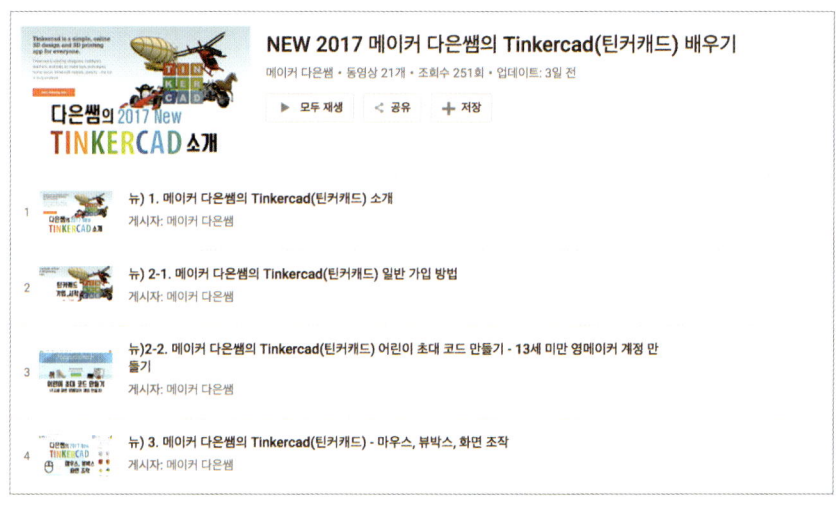

▲ 유튜브로 Tinkercad(틴커캐드) 배우기 : https://goo.gl/3sFVjl

3 FDM 3D 모델링을 위한 모양의 중요성

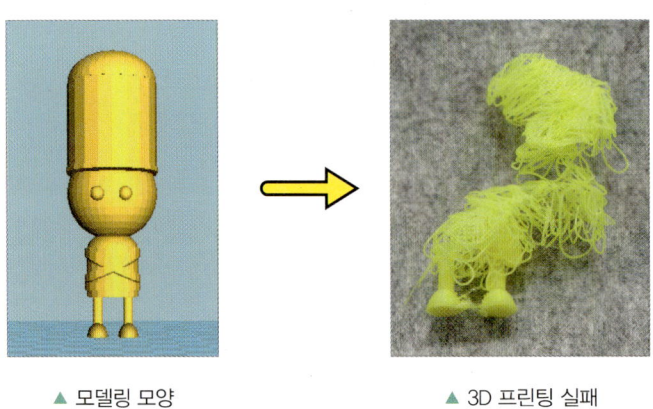

▲ 모델링 모양 　　　　　　　　▲ 3D 프린팅 실패

중력이 작용하는 지구에서 사용하는 저가형 FDM 3D 프린터는 모든 모양을 완벽하게 출력할 수 없다. 위의 사진은 FDM 3D 프린터에서 잘 나오지 않는 대표적인 모양이다.

3D 프린팅 실패의 원인을 살펴보면 우선 베드에 붙는 바닥 면적이 매우 좁다. 또한, 위로 올라갈수록 모양이 크고 무거워지고 있다. 그래서 실제로 출력해 보면 다리까지는 잘 나오다가 몸통부터 모양이 제대로 출력되지 않는다. 게다가 베드의 접착력이 아무리 좋다고 하더라도 위로 올라갈수록 크고 무거워지는 모양은 출력 중간에 떨어지면서 알 수 없는 모양을 만들게 된다.

FDM 3D 프린터에서 잘 나오는 모양을 한마디로 정리해 보면 아래와 같다.

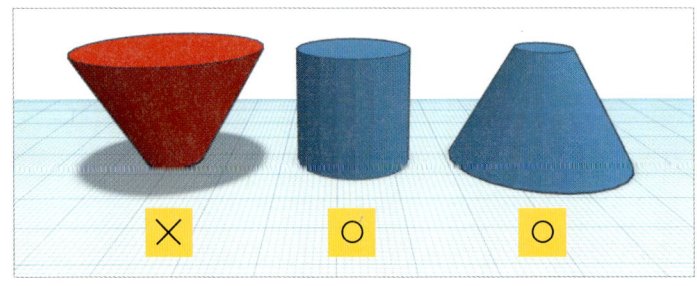

베드에 잘 붙을 수 있게 넓고 평평한 면이 있는 모양
상단이 하단보다 넓지 않은 모양

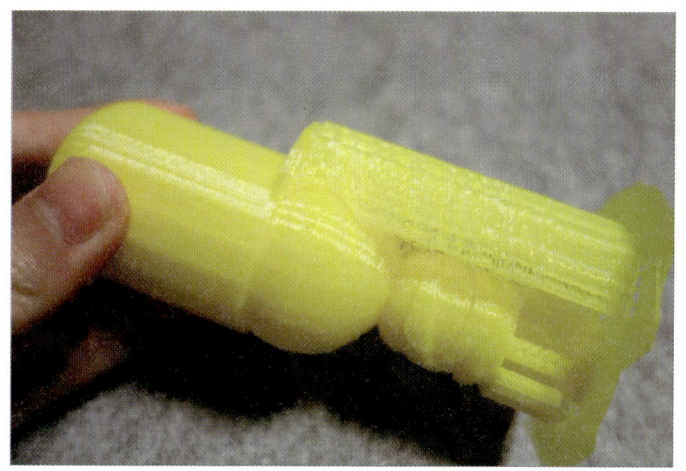

▲ 브림과 서포트를 이용하여 얻은 출력물

모델링 형상을 직접적으로 바꿀 수 없다면 슬라이서 프로그램의 도움을 받아 출력할 수도 있다. 브림과 서포트 등을 함께 설정하여 출력물을 얻는 과정인데 뒤의 슬라이서 소개의 104p, 119p를 참고한다.

하지만 그렇다고 브림과 서포트를 사용하는 것이 항상 오른 방법은 아니다. 출력 시간도 더 오래 걸리고 버려지는 재료들도 늘어난다. 좋은 품질의 FDM 3D 프린터 출력물을 얻고 싶다면 모델링을 만들 때 출력의 모양을 다시 한 번 생각해 본다.

4 : YHT 룰

FDM 3D 프린팅을 위한 모델링을 할 때 YHT 룰을 떠올리면 좋다.

Y Y자의 양팔은 모양이 완만하게 위로 올라간다. 45℃ 이상의 높은 각도의 팔은 FDM 3D 프린터에서 층층층 쌓아 올라가면서 모양을 만들 수 있다. 각도가 너무 낮거나 팔의 길이가 길어지면 모양이 무너져 흘러내릴 수 있다.

H H자의 양쪽 기둥을 이어준 가운데를 "브리지"라고 부른다. H의 양쪽 기둥의 거리가 가까울수록 가운데를 이어주는 브리지 모양이 잘 만들어진다. 기둥의 거리가 멀면 공중에 뜬 브리지 모양이 아래로 흘러내릴 수 있다. 또한, 재료의 온도가 너무 높아도 브리지의 처짐 현상이 심해질 수 있다.

T 수직의 각도로 공중에 뻗고 있는 T자의 양팔은 재료가 제대로 붙지 못하고 아래로 흘러내리면서 지저분한 모양을 만든다. 팔이 길고 커질수록 공중에 떠 있는 모양은 3D 프린팅할 때 모양이 더 지저분해진다. 공중에 떠 있는 수직 팔을 지탱하기 위해서는 서포트가 필요하다. 서포트의 설명은 104p를 참고한다.

> 함께 보면 좋은 영상
>
>  메이커 다은쌤의
> **YHT 룰 – FDM 3D 프린팅 & 모델링 Tip**
> https://youtu.be/CrFluvDXpaM

4박자 슬라이서 프로그램

쿵 짝 쿵 짝

1 슬라이서 프로그램이란?

3D 프린터, 재료, 3D 모델링 파일이 준비되었다. 이제 3D 프린터를 움직이게 할 슬라이서 프로그램을 실행하면 된다. 슬라이서 프로그램은 3D 모델링 파일을 3D 프린터가 읽는 언어로 바꿔주는 프로그램이다. 출력하고 싶은 하나의 덩어리 3D 모델링 파일을 3D 프린터가 노즐을 움직이면서 층층층 쌓아 올릴 모양으로 데이터를 만들어 주는 프로그램이다. 모델링 파일이 슬라이서 프로그램을 통하여 주로 G-code 파일이 만들어진다.

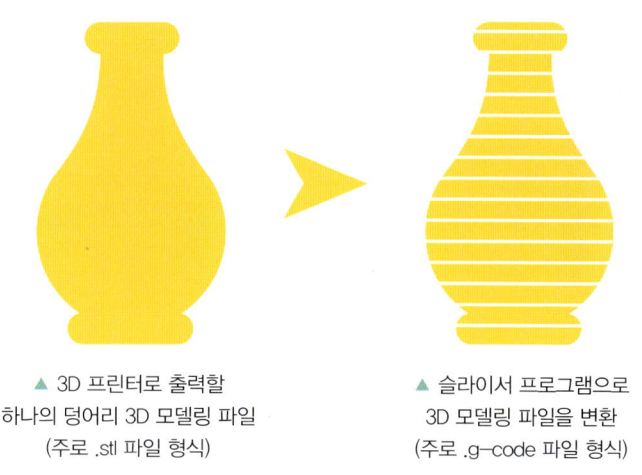

▲ 3D 프린터로 출력할
하나의 덩어리 3D 모델링 파일
(주로 .stl 파일 형식)

▲ 슬라이서 프로그램으로
3D 모델링 파일을 변환
(주로 .g-code 파일 형식)

3D 모델링 파일을 3D 프린팅을 위한 파일로 변환할 때 슬라이서 프로그램에서 조정할 수 있는 다양한 변수들이 있다. 슬라이서 프로그램을 얼마나 이해하고 3D 프린팅을 하는지에 따라서 출력 시간과 품질에 큰 영향을 미친다. 처음에는 슬라이서의 기본값을 이용하더라도 더 좋은 품질의 출력물을 얻기 위해서 슬라이서 프로그램의 주요 변수의 기능을 알고 있는 것이 좋다. 실제로 슬라이서 값을 어떻게 조정하느냐에 따라서 뽑을 수 없는 모양을 뽑을 수 있기도 하다.

② 대표적인 슬라이서 프로그램들

슬라이서 프로그램도 다양한 프로그램이 존재한다. 대표적으로 많이 사용하는 오픈 슬라이서로는 얼티메이커(Ultimaker)에서 배포한 Cura(큐라)라는 프로그램이 있다.

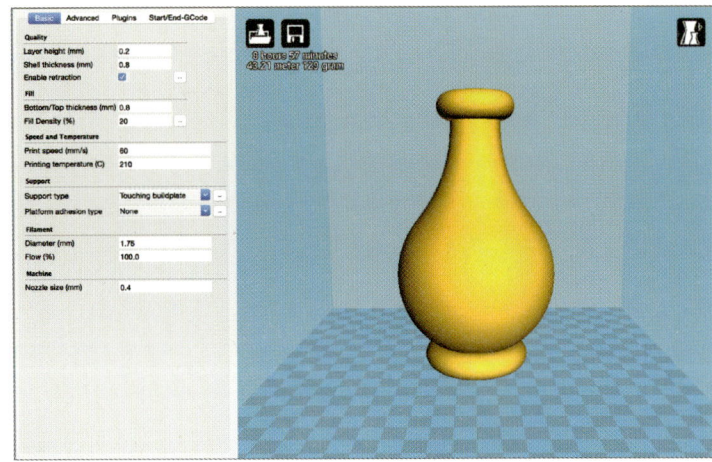

이전에 사용된 Cura
15.04 버전

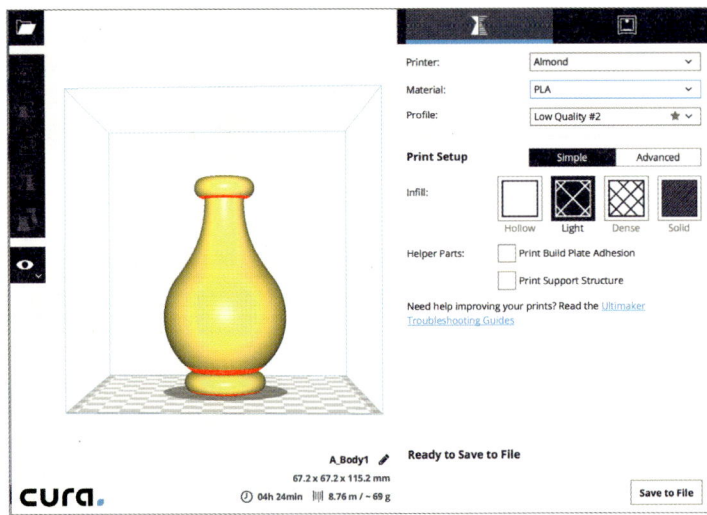

2016년 중반 이후에
사용 중인 Cura
2.0대 버전

Cura 프로그램은 인터넷에 접속하여 간단한 정보를 입력하면 다운로드를 받을 수 있다.

https://ultimaker.com/en/products/cura-software/list

2016년 중반을 기점으로 디자인과 기능이 많이 추가된 cura 2.0대 버전이 공개되었다. 기존에 Cura를 사용하던 사용자라면 업데이트된 기능들을 확인해보면 좋으나, 초보자에게는 오히려 너무 많은 기능들이 새로 생겨나 부담스러울 수 있다. 초보자들은 cura 15.04 버전부터 사용해 보는 것을 추천한다.

그 밖에도 Slic3r, KISSlicer, Mattercontrol, Simplify3D 등 다양한 무료 또는 유료의 슬라이서 프로그램이 존재한다. 이렇게 범용적으로 사용하는 슬라이서 프로그램들은 사용자가 가진 3D 프린터의 기계 정보를 추가 입력해서 사용할 수 있게 되어있다. 3D 프린터 제품에 따라서 범용 슬라이서 프로그램을 사용하지 못하고 자사에서 제공된 슬라이서만 사용해야 하는 제품도 있다.

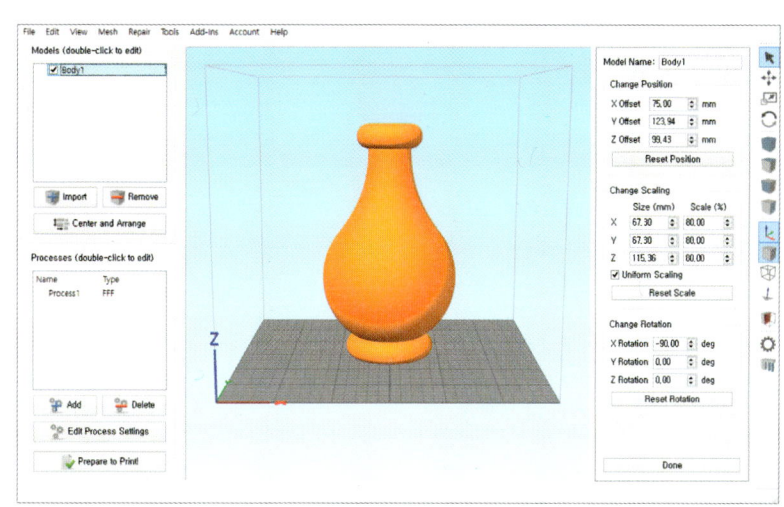

Simplify3D, 대표 유료 슬라이서 프로그램

다은쌤은 주로 Cura와 Simplify3D를 주로 사용한다. 이 책에서는 대부분의 슬라이서 프로그램에서 공통적으로 사용되고 있는 중요 변수들을 설명한다. 주요 변수들을 부르는 명칭은 조금씩 다를 수 있지만, 사용자가 변수들의 개념을 이해하면 슬라이서 프로그램들을 다양하게 응용해서 활용할 수 있다.

Cura의 사용법이 궁금하다면 "메이커 다은쌤" 유튜브에 가면 관련 설명 영상을 무료로 볼 수 있다. 국내에도 사용자가 가장 많은 슬라이서 프로그램이다.

함께 보면 좋은 영상

메이커 다은쌤의
"Cura (큐라) 사용법 기초~꿀팁" 영상 15편
https://goo.gl/xUPc3v

③ 슬라이서 프로그램에 3D 프린터 등록

보통 3D 프린터를 구매하면 사용 가능한 슬라이서 프로그램과 구매한 제품에 맞게 기계의 세팅값이 들어가 있게 마련이다. 하지만 혹시 DIY 프린터를 만들어 슬라이서 프로그램에 기계를 직접 등록해야 하거나 다른 슬라이서 프로그램을 이용하고자 할 때가 있다. 이때, 꼭 알고 있어야 할 3D 프린터의 중요한 요소들이다.

기계의 타입과 출력 가능 사이즈
앞서 FDM 3D 프린터는 직교형과 델타형의 타입이 있는 것을 알았다. 3D 프린터가 출력 가능한 공간의 크기로 직교형의 경우 X, Y, Z로 나타내고 델타형의 경우 바닥 원형 지름과 높이로 나타낸다.

노즐의 크기
재료가 나오는 구멍의 크기로 0.4mm를 많이 사용하나 0.3mm, 0.5mm 노즐을 사용하는 제품도 있다.

사용 재료의 크기
사용하는 필라멘트의 두께로 보통 1.75mm를 사용하나 2.85mm를 사용하는 프린터도 있다.

히팅 베드의 여부
프린터에 히팅 베드가 있는지 없는지 확인한다.

Start Code, End Code
Start Code, End Code는 3D 프린터가 프린팅을 시작하고 다 끝냈을 때 기계가 어떻게 움직일 것인지에 대한 코드이다. 오토 레벨링 기능이 있는 프린터라면 처음에 높이를 레벨링하고 데이터를 처리하기 위해 Start Code가 꼭 필요하다. 보통의 기계 제조사마다 다른 코드를 가지고 있고, 구매 업체에서 확인하는 것이 빠를 수 있다.

01 레이어(Layer)

#층 #두께 #쌓이는_높이 #적층_두께

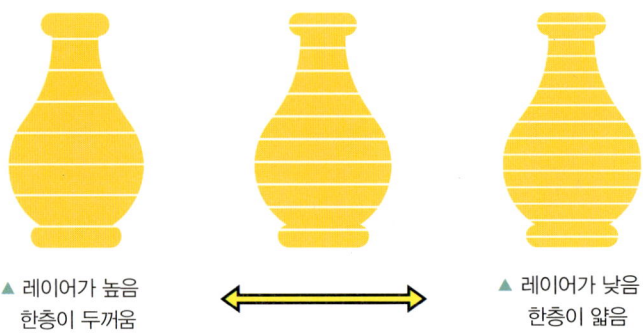

▲ 레이어가 높음
한층이 두꺼움

▲ 레이어가 낮음
한층이 얇음

층층층 모양을 쌓아가면서 3D 입체 모양을 만드는 FDM 3D 프린터에서 가장 중요한 개념이다. 레이어는 3D 프린터가 쌓는 한 층의 높이 또는 두께를 말한다. 낮은 높이의 레이어로 출력하면 조밀하게 쌓이면서 출력물의 품질이 올라간다. 하지만 출력 시간도 함께 증가한다.

레이어는 사용 중인 3D 프린터의 노즐 구멍의 크기와 관련이 있어 무조건 올리거나 낮출 수 없다. 레이어를 너무 높이면 익스트루더에서 많은 재료를 밀어주기 위해 모터에 무리가 간다. 노즐의 구멍보다 너무 얇은 레이어를 사용하면 일정한 두께로 재료가 나오기 어렵다.

일반적으로 많이 사용하는 0.4mm 노즐에서 보통 품질의 출력물로는 레이어 0.2mm를 사용하고, 높은 품질의 출력물을 원하면 0.1mm 레이어를 사용한다. 예를 들어 5cm 높이의 3D 모델링 파일이 있다. 0.2mm 레이어로 출력하게 되면 총 250층이 쌓여 모양을 만든다. 0.1mm 레이어로 출력하게 되면 총 500층이 쌓여 3D 프린팅이 된다.

1 레이어를 다르게 한 출력물 비교

▲ 0.4mm 노즐 / 0.2mm 레이어 　　　　　　　▲ 1.0mm 노즐 / 0.7mm 레이어

같은 크기의 3D 모델링 파일은 다른 노즐과 레이어로 출력해 보았다. 왼쪽의 배트맨은 0.4mm 노즐을 이용하여 0.2mm 레이어로 180분이 걸려 출력되었다. 오른쪽의 배트맨은 1.0mm 노즐을 이용하여 0.7mm 레이어로 40분이 걸려 출력되었다.

레이어가 두꺼우면 재료가 빨리 쌓여 올라가기 때문에 출력 시간은 매우 짧아진다. 하지만 너무 두꺼운 레이어는 모양을 세세하게 표현하는 데 어려움이 있다. 레이어가 얇으면 두꺼울 때보다 모양을 자세히 표현할 수 있지만 그만큼 출력 시간은 오래 걸린다. 빨리 뽑힌다고 두꺼운 레이어가 좋은 것이 아니고, 세세하게 표현된다고 낮은 레이어가 좋은 것이 아니다. 만들고 싶은 출력물의 모양과 그것의 사용 용도에 따라 레이어를 변경해서 이용하는 것이 좋다.

함께 보면 좋은 영상

메이커 다은쌤의
1.0mm 굵은 노즐을 이용한 3D 프린터
https://youtu.be/JlpTGeZveEY

02 인필(Infill)

#채움 #밀도 #내부_밀도

▲ 왼쪽은 출력이 완료된 로봇, 오른쪽은 출력 중간에 정지한 로봇으로 내부가 일정 패턴으로 비어 있음

한 층의 면적을 얇은 실로 하나하나 그려서 모양을 만들기 때문에 현재 FDM 3D 프린터의 출력은 느리다. 채우는 면적이 크면 클수록 출력 시간은 배 이상으로 늘어난다. 그래서 내부를 모두 다 채우지 않고 빠르게 출력하고 모양의 강도를 유지하기 위해서 규칙적인 패턴으로 내부를 비우는 것이 바로 인필이다.

인필은 보통 퍼센트로 나타낸다. 100%는 속을 꽉 채운 상태를 나타내고 0%는 속을 하나도 채우지 않는 상태이다. 출력물을 사용하는 용도나 목적에 따라서 인필을 바꿔서 사용하는 것이 좋다. 일반적으로 슬라이서 프로그램에서 보통값으로 사용하는 인필은 20% 정도이다. 출력물에 나사를 박거나 보통보다 더 단단함을 원한다면 인필은 50% 이상 출력하는 것을 추천한다. 단, 출력물 만드는 데는 그만큼 시간이 더 많이 필요하다.

단순히 빠르게 모양을 보고 싶을 때 다은쌤은 10%로 출력을 하긴 하지만, 너무 낮은 채움은 모양이 쉽게 부서지거나 면이 제대로 메꾸지 못하고 구멍이 날 수도 있으니 주의해야 한다. 인필을 0%로 설정하고 출력한다면 안은 채워지지 않고 외벽의 벽이 셸 두께로만 만들어진 출력물이 나온다.

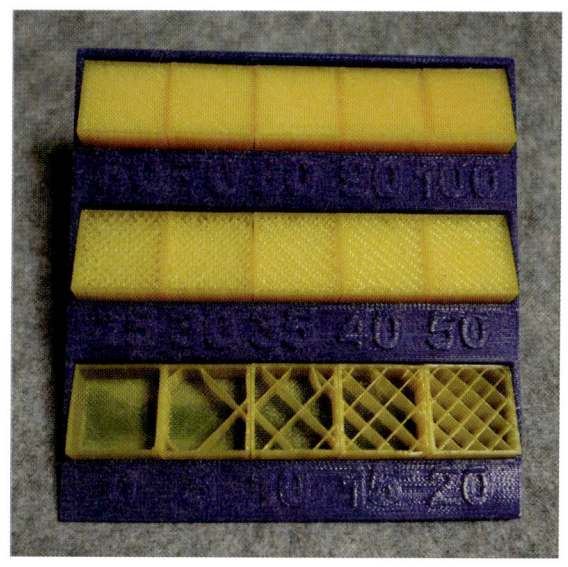

▲ 25mm 네모 모양을 인필을 0부터 100까지 바꿔가면서 뽑아 보았다.
인필이 높아질수록 패턴이 조밀해지면서 구멍이 점점 작아지는 것을 볼 수 있다.

> ⓘ 주의
>
> 다은쌤이 3D 프린팅 교육에서 인필을 설명하기 위해 만든 교구이다. 필요하다면 다음 링크에서 무료로 내려받아 출력하면 된다.
> http://www.thingiverse.com/thing:1002451

❶ 다양한 인필 패턴

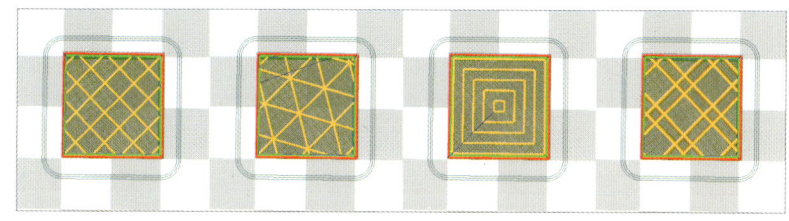

슬라이서 프로그램마다 다양한 패턴의 인필 모양을 제공해 주기도 한다. 모양에 따라서 내부의 강도와 출력 시간에 차이가 있다.

03 셸(Shell)

#외벽 #벽_두께 #셸_두께 #가장자리

셸 두께 0.4mm   0.8mm   1.6mm   3.2mm

셸은 출력물의 가장 외벽 두께를 의미한다. 셸 두께가 두꺼워질수록 출력물은 단단해지지만 출력 시간은 늘어난다.

셸 두께는 레이어 두께의 배수로 설정하는 것이 좋다. 예를 들어 레이어를 0.2mm로 설정했다면 셸 두께는 0.8mm, 1.0mm로 설정하는 것이 좋다. 만약 레이어를 0.2mm로 설정하고 셸 두께를 0.7mm로 설정했다면 실제 만들어지는 셸 두께는 0.6mm이다.

보통 0.4mm 노즐에서 0.2mm 레이어를 사용할 때 많이 사용하는 셸 두께는 0.8mm이다.

04 압출량(Flow)

#재료가_노즐에서_나오는_양

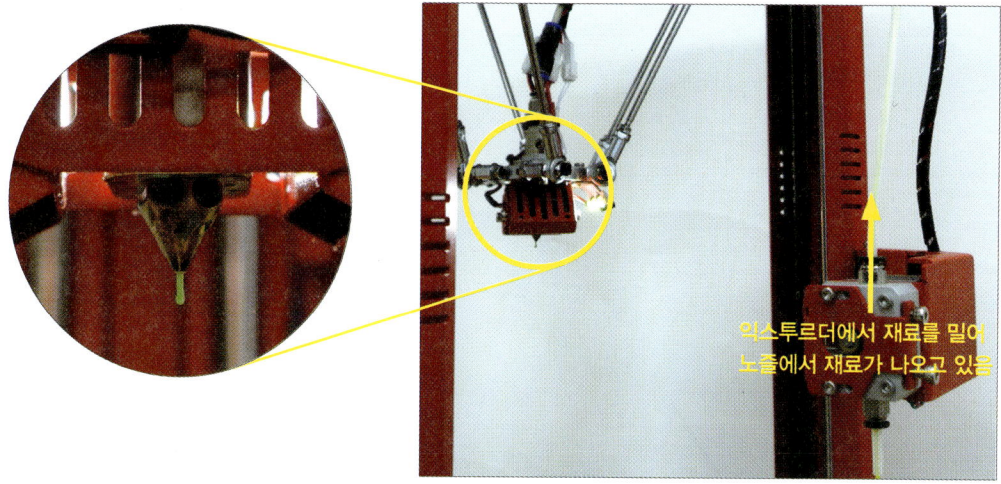

압출량은 재료가 노즐을 통해서 나오는 양을 말한다. 노즐의 크기와 사용하는 재료의 굵기와 관련이 있으며 주로 익스투르더가 돌아가는 속도에 의해서 압출량이 조절된다.

노즐의 크기과 사용하는 재료의 굵기는 고정값이다. 많은 FDM 3D 프린터가 0.4mm 노즐과 1.75mm의 재료를 사용한다. 압출량을 퍼센트(%)로 나타내며 압출량이 많아질수록 익스투르더가 돌아가는 속도가 빨라져 노즐을 통해 나오는 재료의 양이 많아진다.

보통 100%의 압출량을 두고 사용한다. 슬라이서 프로그램에 따라서 레이어의 높이에 따라 압출량을 변하게 할 수 있는 프로그램도 있는데, 첫 번째 바닥에 붙는 레이어를 더 잘 붙게 하기 위해서 120%로 압출량을 조금 높게 사용하는 경우도 보았다.

05 노즐 온도(Printing Temperature)

#사용_재료_온도   #프린팅_온도

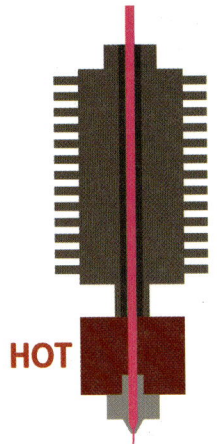

노즐 온도는 재료가 나오는 부분이 가열되는 온도이다. 노즐 온도는 사용하는 재료에 맞게 설정되어야 한다. 주로 ABS는 230~270℃ 사이에서 가열하여 사용되며, PLA는 180~210℃ 사이에서 가열하여 사용된다.

ⓘ 주의

노즐은 정말 매우 뜨거움으로 맨손으로 만지지 않는다. 가열된 노즐의 이물질을 제거하고 싶을 때는 롱로즈라이퍼나 철솔을 이용하여 제거한다.

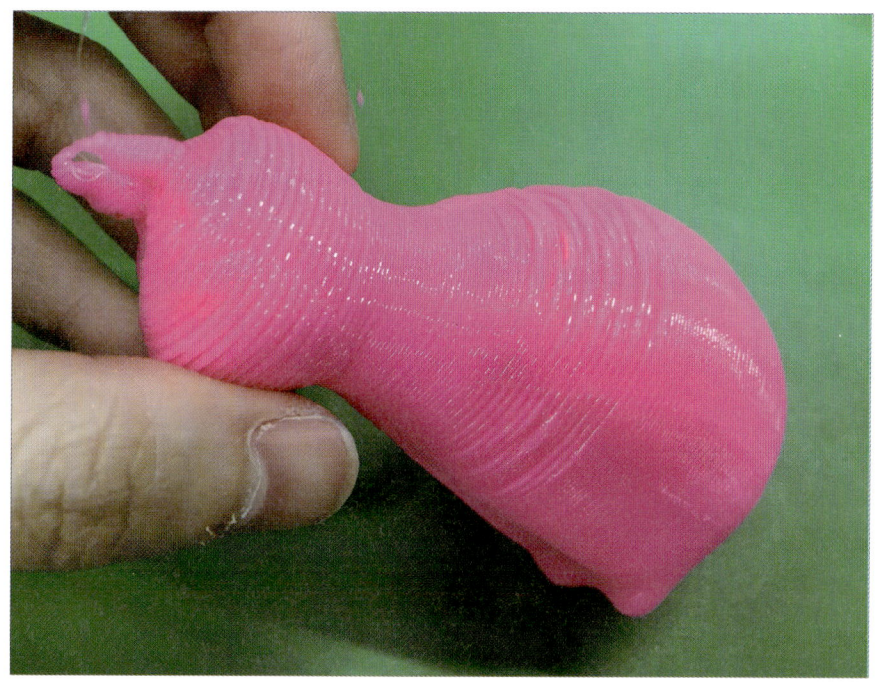

▲ 높은 온도로 많은 양의 재료가 압출되면서 레이어가 차곡차곡 쌓이지 못하고 무너지면서 쌓여 표면이 균일하지 못하다.

재료의 적정 온도보다 낮은 온도를 사용하면 재료가 녹아 나오지 못하고 노즐이 막히게 된다. 그렇다고 노즐 온도를 무조건 높게 사용해서도 안된다. 노즐 온도가 재료의 적정 온도보다 높으면 가열되어 압출된 재료가 냉각될 시간이 없다. 충분히 냉각될 시간을 주지 않은 채로 그 위에 다시 재료가 쌓아 올라가면서 출력물의 표면이 흘러내릴 듯 무너질 수 있다. 또한, 너무 높게 가열된 노즐에서는 더 많은 냄새가 난다.

06 베드 온도(Bed Temperature)

#바닥_온도

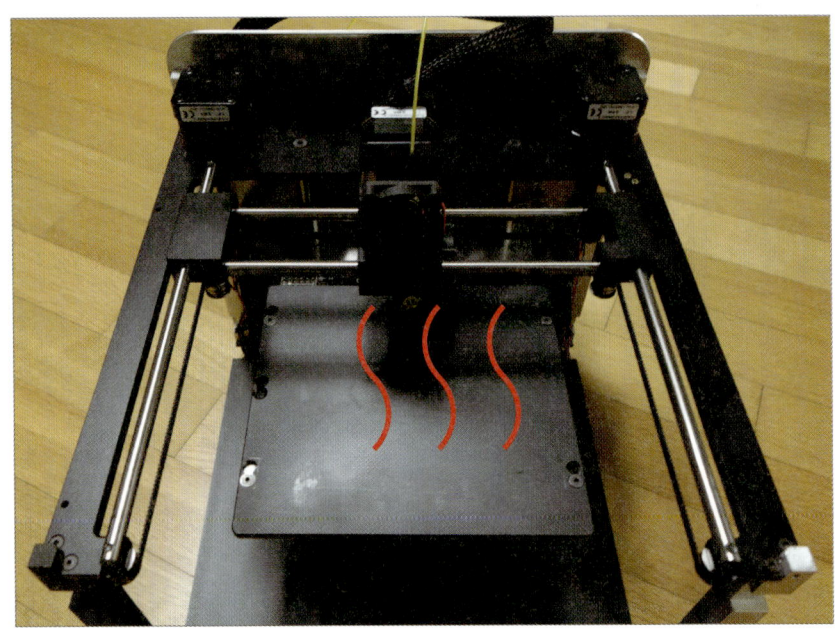

베드 온도는 출력물이 만들어지는 바닥 면의 온도이다. 히팅 베드가 있는 기계에서만 해당한다.

ABS는 히팅 베드가 없으면 수축이 심해 거의 출력할 수 없다. ABS로 출력할 때는 베드 온도를 90~110℃ 사이 베드 온도를 사용한다.

PLA 경우 베드 온도가 없어도 출력되지만 히팅 베드가 있는 프린터라면 더 안정적인 출력을 위해 50~60℃의 베드 온도를 설정하고 사용하는 것이 좋다.

> ⓘ 주의
>
> 히팅 베드가 없는 프린터인데 베드 온도를 설정하고 프린팅을 시작하면 프린터가 움직이지 않는다. 베드 온도가 올라갈 때까지 기다리지만 실제로 베드 온도는 올라가고 있지 않기 때문이다.

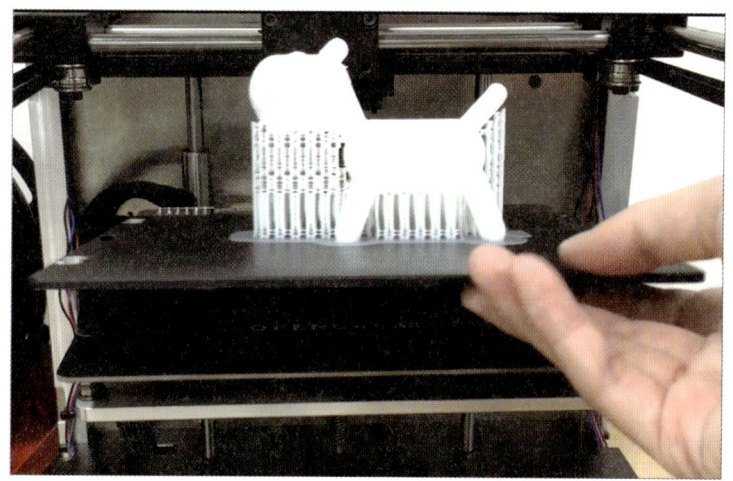

> ① 주의
>
> 히팅 베드가 높을 때는 100℃ 이상 올라가기 때문에 출력이 끝났다고 해서 바로 맨손으로 만져 화상을 입지 않도록 주의한다.

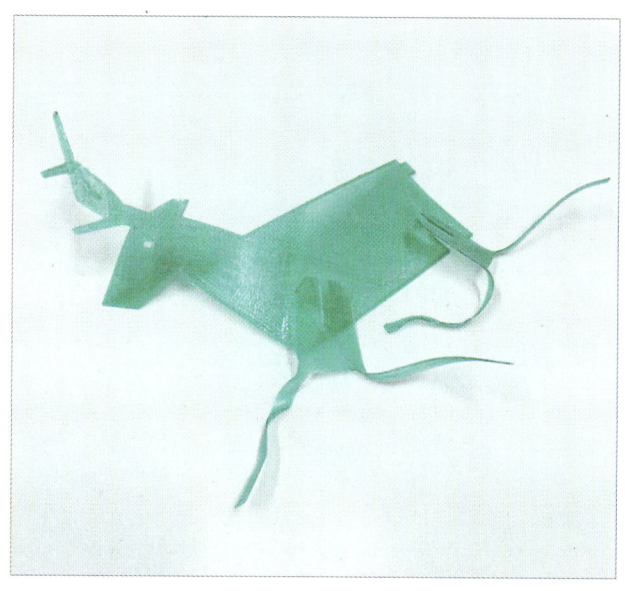

> ① 주의
>
> 히팅 베드에서 얇고 납작한 모양을 출력한 다음, 베드가 식기 전에 억지로 출력물을 떼면 휠 수 있으니 주의한다.

07 | 리트랙션(Retraction)

#재료_노즐_뒤로_빼기   #익스트루더_되감기

압출

모양을 만들 때 익스트루더에서 재료를 밀어 뜨거운 노즐에서 재료가 녹아 나오는 상황이다.

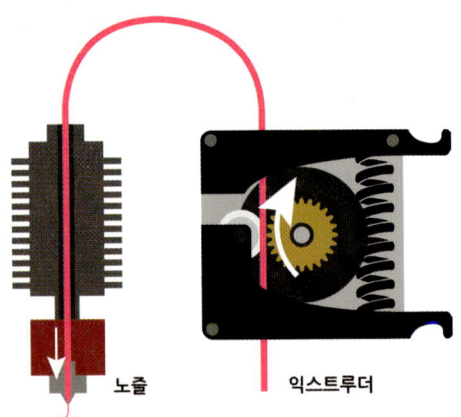

리트랙션

리트랙션은 압출과 반대되는 상황이다. 노즐에 들어가 있는 재료를 익스트루더에서 뒤로 빼는 과정을 말한다. 모양을 만들지 않고 노즐이 이동만 할 때는 리트랙션이 작동하면서 재료를 노즐 뒤로 물러나게 한다.

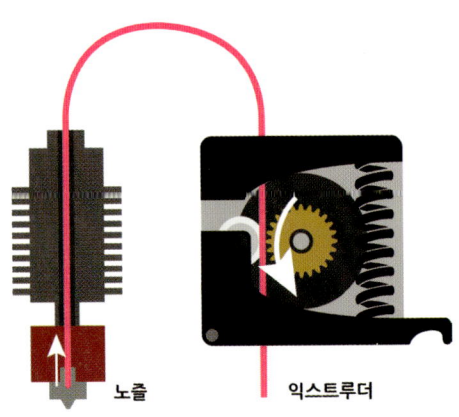

1 리트랙션이 제대로 작동되지 않으면?

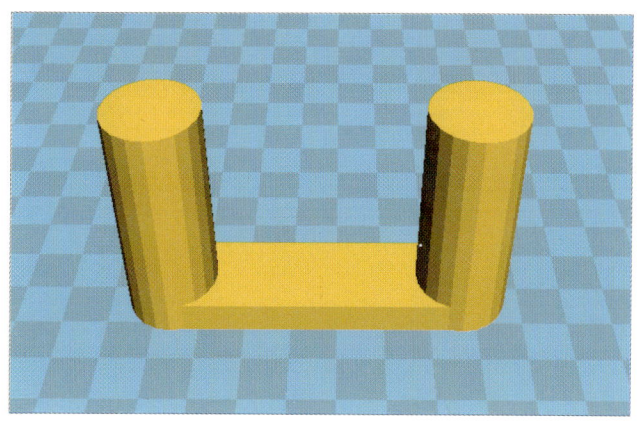

▲ 슬라이서 프로그램에서 모델링 모습

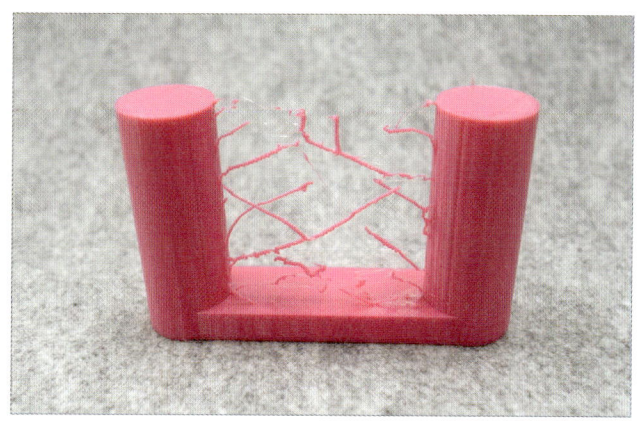

▲ 실제 출력물 모습

리트랙션이 제대로 작동되지 않으면 뜨거운 상태의 노즐에서 재료가 늘어 나오면서 출력물 주변에 지저분한 거미줄 같은 모양을 만들어 낸다. 이를 스트링 현상이라고 부르기도 한다.

리트랙션은 주로 익스트루더가 재료를 뒤로 감는 속도와 거리로 조절된다. 너무 빠른 속도와 긴 거리로 리트랙션하게 되면 다시 재료를 압출할 때 일정하게 재료를 공급할 수 없다. 반면에 너무 느린 리트랙션은 출력물 주변에 거미줄을 많이 만들게 한다. 기계에 따른 적정값을 따르나 재료의 특성에 따라 리트랙션을 바꿔줘야 한다.

08 출력 속도(Printing Speed)

#프린팅_속도   #노즐_움직이는_속도   #이동_속도(Travel_Speed)
#바닥_속도(Bottom_Speed)   #천장_속도(Top_Speed)

출력 속도는 재료가 나오면서 노즐이 왔다 갔다 하면서 모양을 그리는 속도이다. 출력 속도가 빠를수록 3D 프린팅 되는 속도가 빨라진다. 그러나 출력 속도가 빠르다고 해서 좋은 품질의 출력물을 얻는 것은 아니다. 출력 속도가 너무 빠르면 기계의 진동과 반동이 심해져 소음도 나고 출력 도중 모양이 틀어질 수 있다. 출력 속도를 천천히 하고 뽑는 경우가 대부분 품질은 좋으나 시간이 오래 걸린다.

출력 속도는 크게 2가지로 나누어 볼 수 있다. 재료가 나오면서 형상을 만들고 있는 프린팅 속도와 재료가 나오지 않으면서 노즐이 위치를 변경할 때 움직이는 이동 속도이다. 다은쌤은 보통 프린팅 속도는 50mm/s, 이동 속도는 80mm/s를 사용한다. 사용자 또는 기계마다 선호하는 속도가 다를 수 있다.

프린팅 속도와 이동 속도를 같게 사용해도 무방하다. 프린팅 속도는 출력물의 품질에 직접적으로 연관되기 때문에 무조건 빠르게 할 수는 없지만, 이동 속도는 조금 빠르게 하여 전체 출력 시간을 줄일 수 있다. 그래서 일반적으로 프린팅 속도보다 이동 속도를 조금 빠르게 두고 사용한다.

하지만 이동 속도 역시 너무 빠르면 노즐이 이동 중에 출력물을 건드려 부러트리거나 베드에서 떨어지게 만들 수 있다. 그렇다고 이동 속도가 너무 느리게 이동하면 노즐에서 굳지 않은 재료들이 늘어나면서 중간에 거미줄처럼 지저분한 스트링 현상이 생길 수도 있다.

▲ 왼쪽 원기둥을 "프린팅 속도"로 만들고 있다.

▲ 오른쪽 원기둥으로 "이동 속도"로 움직이고 있다.

▲ 오른쪽 원기둥을 "프린팅 속도"로 만들고 있다.

슬라이서 프로그램에 따라서 프린팅 속도만 변경 가능한 경우가 있고, 출력 상황에 따라서 프린팅 속도를 다르게 바꿀 수 있는 경우도 있다. 좋은 품질의 3D 프린터 출력물을 얻기 위해서 조절이 가능하다면 아래의 속도를 고려해 본다.

❶ 바닥 속도(Bottom Speed)

재료가 처음 베드에 나오는 속도이다. 3D 프린팅에서 출력물의 베드의 안착은 매우 중요하기 때문에 바닥 속도를 낮춰서 사용하기를 추천한다. 다은쌤은 바닥 속도는 보통 20mm/s를 사용하고 있다.

▲ 바닥 속도로 노즐이 천천히 움직이면서 재료가 나오고 있다.

▲ 바닥 속도로 천천히 베드와 닿는 1층 면을 만들고 있다.

❷ 천장 속도(Top Speed)

바닥 속도와 반대되는 최상단의 면을 만들어 주는 속도이다. 가장 높이가 높은 부분에서의 속도가 아니라 출력하는 형상에 따른 가장 바깥면이다. 역시 깨끗한 출력 면을 원한다면 일반적인 프린팅 속도보다 조금 느리게 하는 것이 좋다. 그래야 인필의 구멍 뚫린 면들이 깨끗하게 덮여진 출력물을 얻을 수 있다. 다은쌤은 천장 속도도 역시 20mm/s를 사용한다.

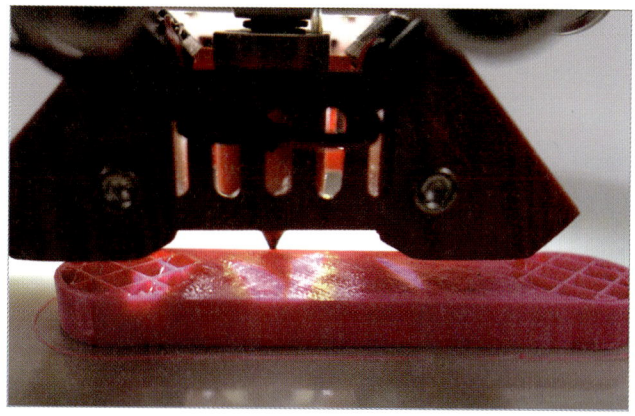
▲ 천장 속도로 천천히 모양의 상단 면이 덮어지고 있다.

▲ 역시 천장 속도로 천천히 모양의 상단 면이 덮어지면서 인필 모양이 잘 보이지 않는다.

09 바닥, 윗면 두께 (Bottom/Top Thickness)

`#바닥_두께` `#윗면_두께` `#바닥_레이어` `#윗면_레이어`

출력물의 안쪽은 인필 모양으로 외벽은 셸 두께로 출력되고, 출력물 형상의 가장 아랫면과 윗면이 출력되는 두께가 바닥, 윗면 두께이다. 바닥, 윗면 두께는 출력물의 강도와 완성도에 영향을 미치는 요소이다. 바닥, 윗면 두께는 앞서 설명한 바닥 속도, 천장 속도로 천천히 출력되는 부분이기도 하다.

바닥 두께와 윗면 두께 역시 레이어의 배수로 설정하는 것이 좋다. 예를 들어 레이어를 0.2mm로 설정했다면 바닥, 윗면 두께는 0.8mm, 1.0mm로 설정하는 것이 좋다. 만약 레이어를 0.2mm로 설정하고 바닥, 윗면 두께를 0.7mm로 설정했다면 실제 만들어지는 윗면 두께는 0.6mm이다.

보통 0.4mm 노즐에서 0.2mm 레이어를 사용할 때 많이 사용하는 바닥, 윗면 두께는 0.8mm이다. 즉, 4번 레이어가 만들어지면 인필 모양이 보이지 않게 덮어진 면을 만들게 된다. 0.8mm 이하의 윗면 두께는 인필의 구멍이 제대로 메꿔지지 않아 지저분한 출력물의 면을 얻을 수 있다. 또한, 너무 두꺼운 바닥, 윗면 두께는 출력 시간을 오래 걸리게 한다.

▲ 인필 패턴 위의 면을 덮기를 시작하고 있다.

▲ 윗면이 한 레이어로 덮어졌지만 여전히 인필의 패턴이 보이고 있다.

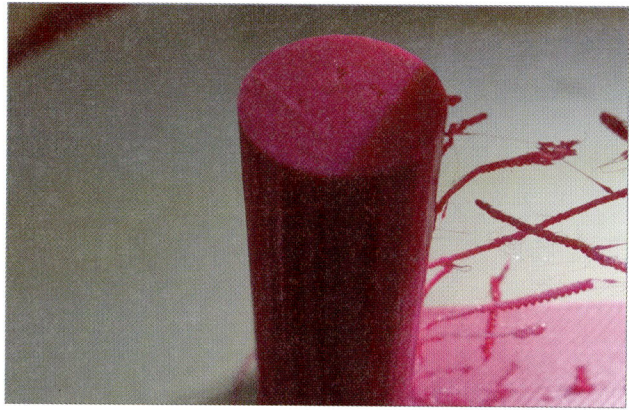

▲ 0.2mm 레이어로 3번째 덮어진 윗면으로 인필의 패턴이 거의 보이질 않는다.

10 1층(First Layer)

#첫_번째_면 #바닥_면 #베드와_닿는 면 #스커트 #브림 #라프트

1층은 3D 프린팅을 시작해서 노즐이 베드에 가장 먼저 만드는 면이다. 바닥 속도로 노즐이 움직이면서 재료가 처음 베드에 닿는 면이기도 하다. 1층은 아주 중요하다. 베드에 1층의 모양이 제대로 쌓이지 않으면 그 위의 모양도 잘 만들 수 없다. 그래서 앞에서 1층을 만드는 바닥 속도를 천천히 사용하는 것을 추천했으며, 슬라이서 프로그램에서는 안정적인 1층을 만들기 위해서 여러 가지 기능을 제공하고 있다.

스커트, 브림, 라프트가 대표적인데 모양도 하는 역할도 조금씩 다르다. 하나씩 알아본다.

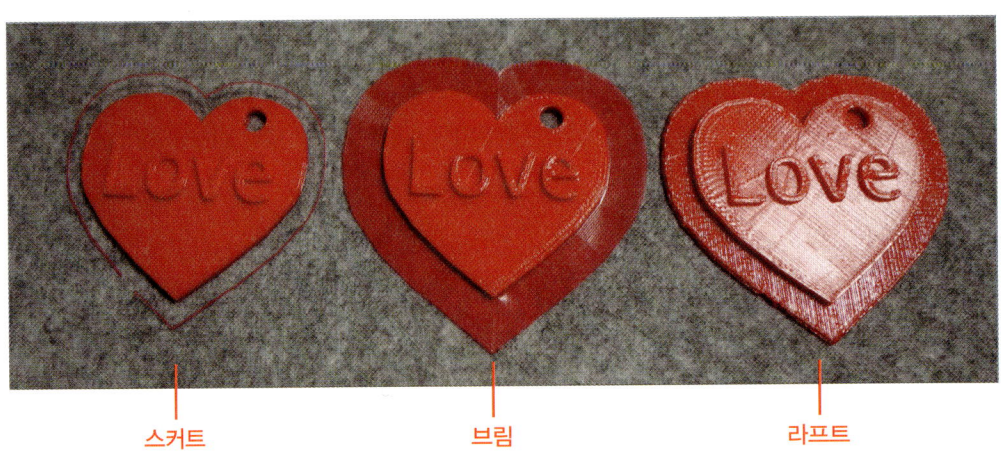

스커트 | 브림 | 라프트

1 스커트(Skirt)

스커트는 출력물의 바닥 면에서 일정 거리 떨어져서 외각에 하나의 선을 그리는 기능이다. 스커트는 본격적인 출력물을 만들기 전에 외각에 선을 한 번 그리면서 노즐에 혹시 붙어 있을 이물질을 제거하는 역할을 한다.

스커트가 출력물과 떨어진 거리 없이 바로 옆에서 여러 선을 연속해서 그려 넓은 1층의 출력 면을 만들면 그것은 브림이 된다.

② 브림(Brim)

브림은 스커트의 확장으로 출력물과 거리가 0에서부터 선이 여러 번 그려져 나가면서 1층에 넓은 바닥 면을 만든 상태를 말한다. 브림을 만들면 출력물과 베드가 닿는 면적이 넓어져 접착력이 좋아진다. 즉, 출력물이 베드에 더 잘 붙어 있을 수 있다.

출력하려는 모양의 바닥 면적이 좁을 때 슬라이서 프로그램에서 브림을 선택해서 함께 출력하는 것이 좋다.

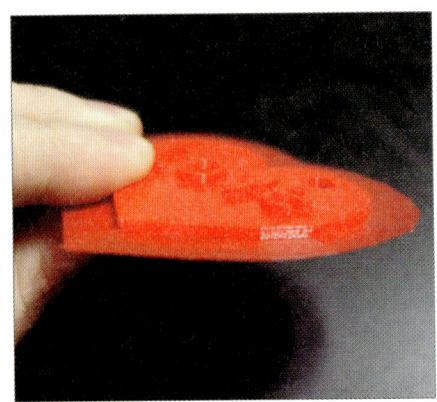

브림은 출력물 바로 옆에 딱 붙어서 만들어진다. 출력이 끝나면 니퍼나 가위를 이용해서 브림을 잘라 줘야 한다.

브림이 불필요한 모양에서 브림을 함께 출력하면 3D 프린팅 시간을 증가시키고, 출력 이후 브림을 제거하는 후 작업이 필요해진다.

③ 라프트(Raft)

라프트는 베드와 닿는 출력물의 바닥 면에 아예 새로운 면을 만드는 기능이다. 출력물의 바닥 모양보다 더 넓은 모양의 라프트를 베드에 먼저 만든 다음, 그 위에 출력물의 모양을 만들기 시작한다.

베드가 손상되어 홈이 파였을 때 라프트를 사용하면 고른 바닥 면을 얻을 수 있다. 또는 출력물의 모양이 얇고 납작하여 베드에서 잘 떨어지지 않을 때 라프트를 함께 출력하면 좋다. 하지만 역시 불필요한 라프트의 생성은 재료의 소모도 늘리고 출력 시간도 오래 걸리게 한다.

라프트는 브림과는 반대되는 기능이다. 출력물이 베드에 잘 붙어 있게 하고 싶으면 브림을 사용하고, 출력물을 베드에서 잘 떼고 싶으면 라프트를 사용한다.

▲ 라프트의 바닥 모양

왼쪽 사진이 라프트가 베드에 닿는 바닥 면이다. 바닥의 모양이 일정 규칙의 선으로 만들어져 있다. 그래서 라프트는 베드와 붙는 면적이 좁아 베드에서 잘 떨어진다.

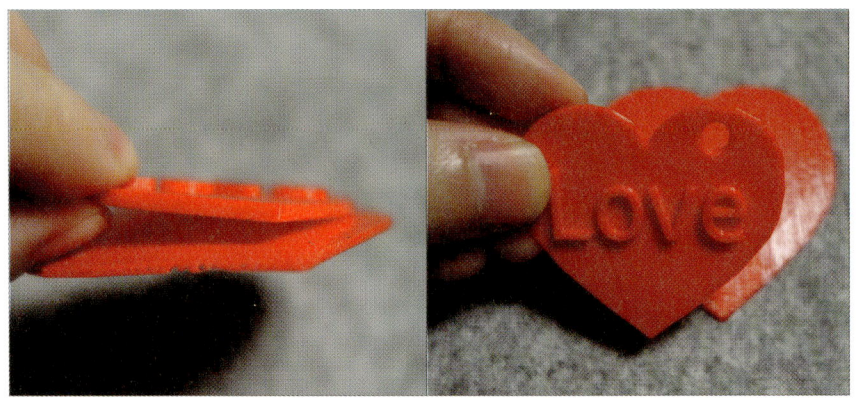

▲ 출력물과 라프트를 분리의 분리

보통 1mm 정도 높이의 라프트를 만들게 된다. 출력 이후 라프트와 출력물은 쉽게 떨어진다.

4 출력물의 바닥 면 비교

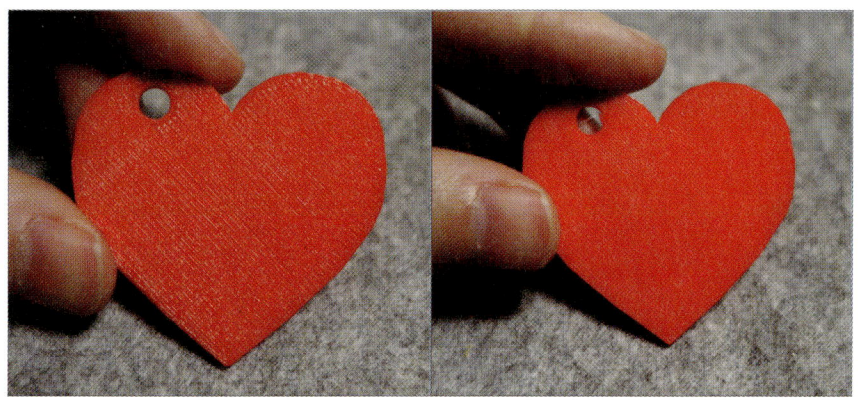

▲ 라프트 위에 만든 출력물의 바닥 면   ▲ 금속 베드 위에 바로 출력된 출력물의 바닥 면

출력물의 바닥 면 품질은 기계마다 다를 수 있다. 또한 라프트를 만들고 한 출력물과 베드 위에 바로 출력한 출력물의 바닥 면 느낌은 다르다. 위 사진은 같은 기계를 이용하여 만든 출력물을 비교하였다. 라프트 없이 바로 베드에 만들어진 출력물의 바닥 면이 좀 더 조밀하고 매끄러운 면이 생성되었다.

11 서포트(Support)

#보조물 #임시_구조

FDM 3D 프린터는 특히 공중에 떠 있는 모양을 제대로 만들 수 없다. 공중에 떠 있는 모양은 지구에 작용하는 중력으로 인해 노즐에서 나온 재료가 굳지 못하고 그대로 밑으로 흘러내린다.

▲ 재료가 아래로 흘러 지저분하게 나온 출력물

▲ 서포트와 함께 출력된 출력물

공중에 떠 있는 모양을 무너지지 않게 출력하기 위해서 서포트를 사용하면 된다. 무너질 위험이 있는 부분에 임시 구조물을 만들어 흘러내리지 않게 해주는 것이 서포트이며, 출력 완료 후에 제거하는 임시 구조물이다.

▲ 서포트를 제거한 출력물

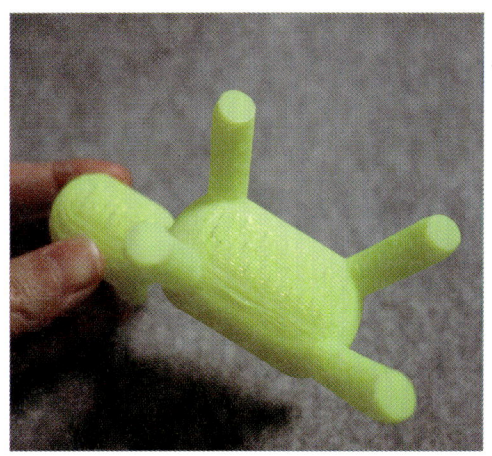
▲ 서포트가 있었던 자리의 표면이 좀 더 거칠다.

서포트는 보통 일반 출력보다 약하게 붙어 있어 출력 완료 후 쉽게 제거할 수 있다. 출력 완료 후 서포트를 제거해서 강아지가 완성되었다. 턱과 배 부분이 흘러내리지 않고 형상이 만들어 졌다. 하지만 서포트를 제거한 면은 일반 출력한 면보다 조금 거칠 수 있다. 잘 다듬어 주는 작업이 필요하다.

서포트를 사용하는 것은 그만큼 재료가 사용되면서 출력 시간이 늘어나게 된다. 모양에 따라 서포트가 생겼을 때 출력 시간이 배 이상 늘어 날 수도 있다. 3D 프린팅을 위한 3D 모델링을 제작할 때 YHT 룰(74p)을 생각하면서 서포트의 필요 여부를 고려하면 좋다.

함께 보면 좋은 영상

메이커 다은쌤의
3D 프린팅 교육을 위한 브림과 서포트의 필요성
https://youtu.be/g6ba-qFvSs0

4박자 슬라이서 프로그램

1 Cura에서의 서포트

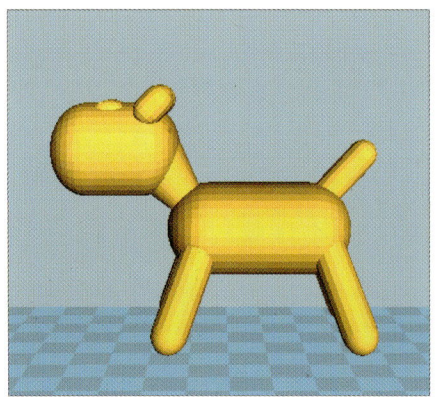

Cura 슬라이서 프로그램을 예로 들어 서포트를 살펴 본다. 모델링 파일을 불러오면 노란색으로 나타난다. 강아지를 이대로 뽑으면 제대로 나올 수 없으니 서포트와 함께 출력해야 한다. 대부분의 슬라이서 프로그램에서 서포트를 선택하면 모양은 조금씩 다를 수 있지만, 공중에 떠있는 부분을 자동으로 인식하여 서포트를 만들어 준다.

Cura에서는 만들어진 서포트의 모습을 Layers 뷰로 볼 수 있다. 강아지의 턱과 배 밑에 초록색으로 만들어질 서포트가 보인다.

② Cura에서의 서포트 종류

다음과 같은 디귿 모양의 모델링을 이 상태로 출력한다면 제대로 된 모양의 출력물을 얻을 수 없다. 그래서 슬라이서 프로그램에서 서포트를 선택한다.

 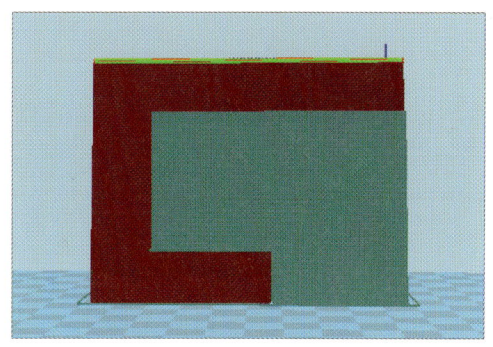

▲ 베드와 출력물 사이에만 생긴 서포트
(Touching buildplate)

▲ 모든 공간에 다 생긴 서포트
(Everywhere)

슬라이서 프로그램마다 기능의 차이는 있다. 자동으로 서포트를 만들어 주는 프로그램이 있는가 하면, 선택적으로 내가 위치를 지정해서 서포트를 만들 수 있는 슬라이서 프로그램도 있다.

서포트를 베드에서부터 만들 수도 있고, 출력물과 출력물 사이에의 모든 공간을 다 채우는 서포트도 있다. 완성된 품질의 출력물을 얻기 위해서는 서포트의 종류도 고려하여 선택한다. 불필요한 곳에 만들어진 서포트는 제거하는 데 어렵거나 특정 면을 거칠게 만들 수 있다.

해보기 | FDM 3D 프린터 사용법 자세히 보기

FDM 3D 프린터를 사용하기 위하여 4박자(기계, 재료, 3D 모델링, 슬라이서)를 모두 알아 보았다. 그럼 이제 하나의 출력물을 뽑는다고 가정하고 FDM 3D 프린터를 사용하는 방법을 자세히 설명해 본다.

1 : 모델링 파일 준비

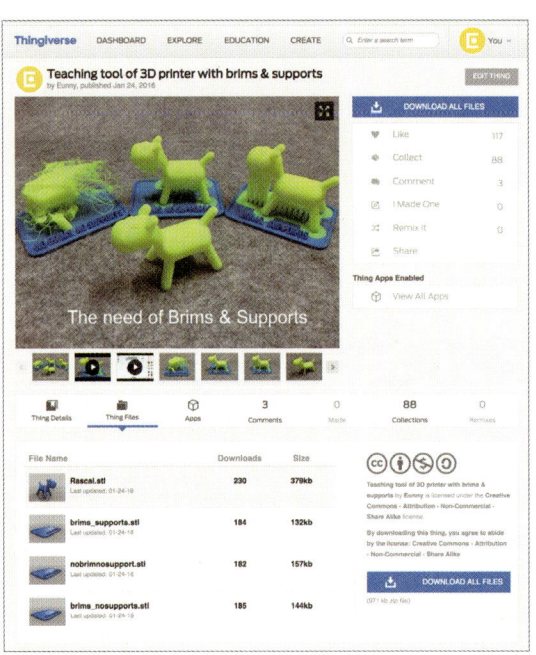

3D 프린터를 이용해 출력한 모델링 파일을 준비한다. 직접 모델링해도 되고 공유 사이트에서 다운받아도 된다.

강아지 모양의 3D 모델링 파일(.stl)은 'http://www.thingiverse.com/thing:1289979' 다운받았다.

2 슬라이서 프로그램

슬라이서 프로그램에 준비된 모델링 파일을 불러온다. 아래의 예시에서 사용된 슬라이서 프로그램은 Cura 15.04.6 버전이 사용되었다.

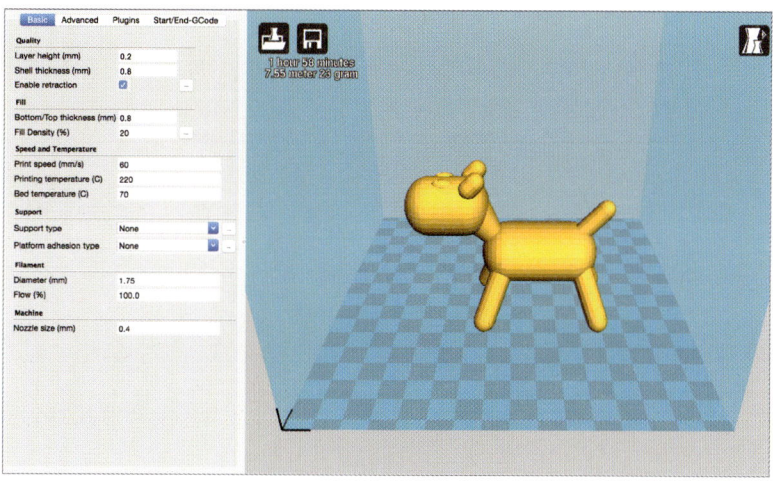

상단 File 메뉴의 Load Modeling File을 눌러 출력할 모델링 파일을 불러온다. 가운데 노란색의 강아지가 생겼다. 만약 노란색이 아닌 회색으로 표시되었다면 출력물이 너무 크거나, 모델링이 출력이 가능한 하늘색 박스 공간 밖으로 나갔기 때문이다.

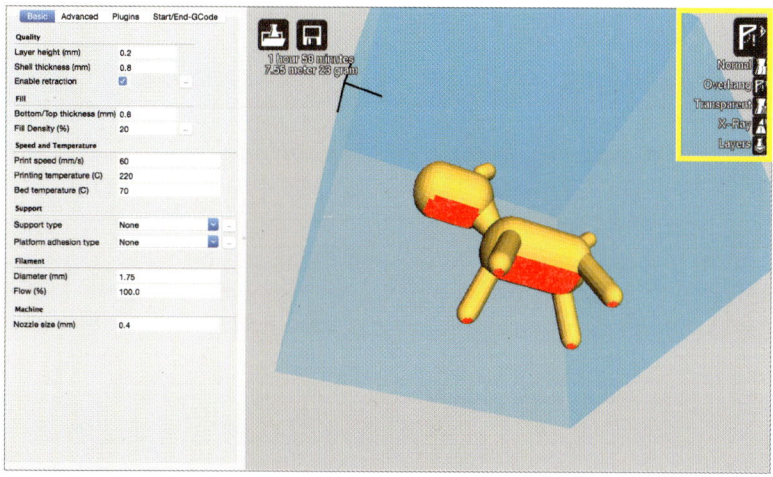

모델링 파일이 불러와지면 출력에 브림과 서포트가 필요한지 판단해 본다. 형상을 눈으로 보고 판단해도 되고 오른쪽 상단의 View 모드에서 Overhang을 눌러 본다. 빨갛게 표시된 부분이 형상이 무너질 수 있는 부분이다. 강아지의 발바닥 4곳은 베드에 닿을 부분이라 괜찮지만 턱과 배 부분이 무너질 위험이 높아 서포트가 필요하다. 원래 상태의 보기 모드로 가려면 오른쪽 상단은 View 모드에서 Nomal을 누른다.

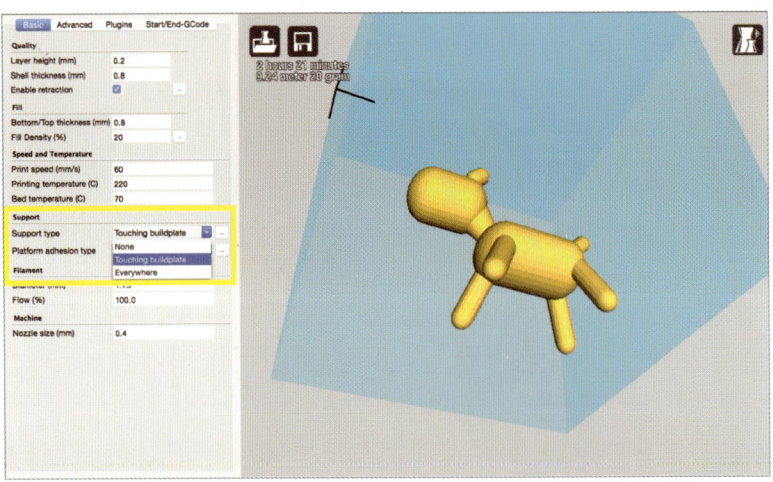

서포트를 만들기 위하여 서포트의 설정을 없음(None)에서 Touching buildplate로 선택해 준다.

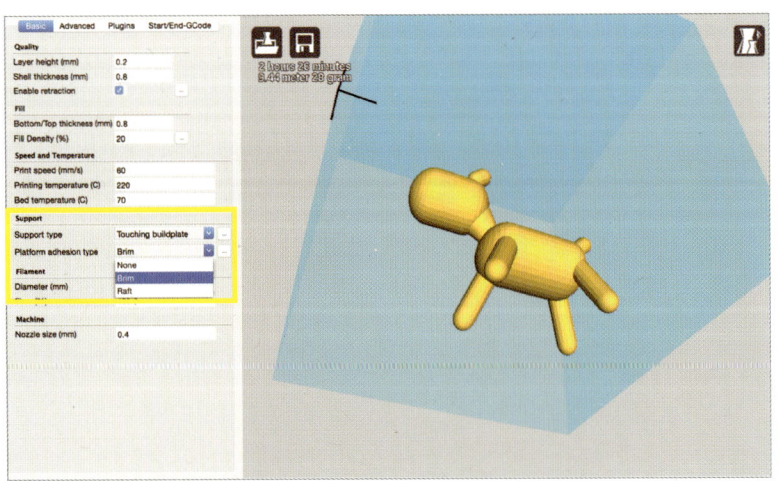

출력물의 바닥 면적이 좁기 때문에 안전한 출력을 위해 브림(Brim)도 선택해 준다.

참고로 강아지의 발 부분은 둥글다. 그래서 브림을 선택하더라도 바닥에 닿는 면적이 좁아 출력 도중에 떨어질 수 있다. 앞서 언급한 팁을 활용해 본다. 아래로 3mm를 잘라 바닥에 붙는 면적을 넓게 만들어 준다.

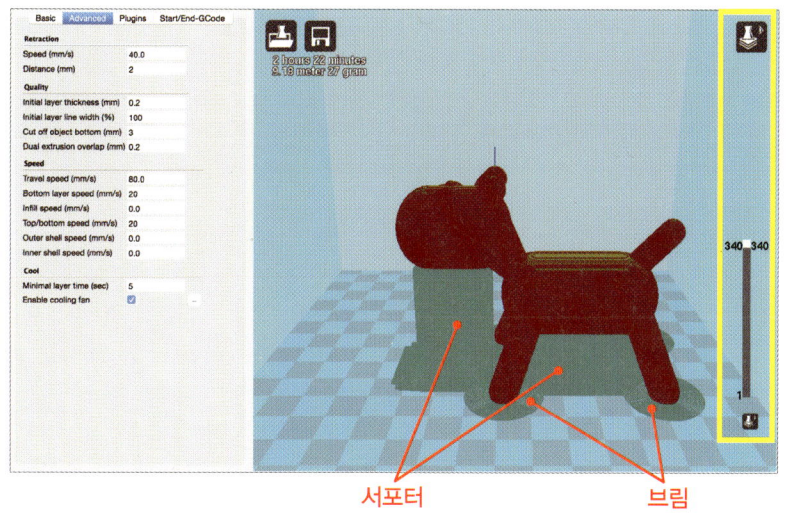

오른쪽 상단의 View 모드에서 Layers 뷰를 눌러 본다. 강아지 발바닥 주변에 둥글게 생긴 브림과 턱과 배 밑에 생긴 서포트를 볼 수 있다.

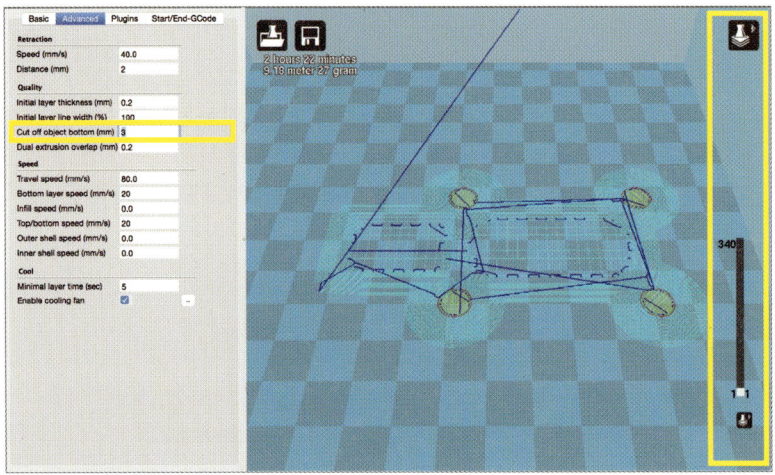

오른쪽 모서리 바에 나타난 숫자가 출력물의 쌓이는 횟수를 의미한다. 총 340번이 쌓여서 강아지 모양이 만들어 진다. 바를 움직이면 층층이 레이어의 모습을 볼 수 있다.

바닥을 3mm 자른 후의 레이어 1층의 모양으로 노란색의 둥근 발바닥 면적을 볼 수 있다.

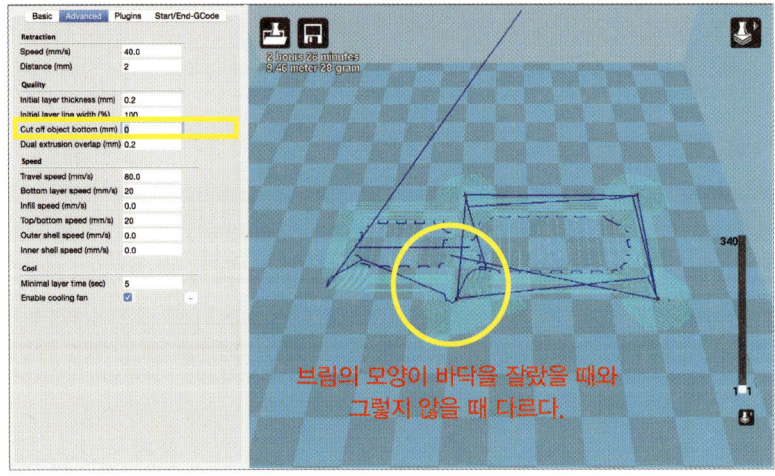

바닥을 사르시 않은 레이어 1층의 모양으로 바닥에 붙는 노란색의 면적이 거의 없어 보인다. 실제로 출력하면 도중에 다리가 떨어져 형상이 제대로 출력되지 않는다.

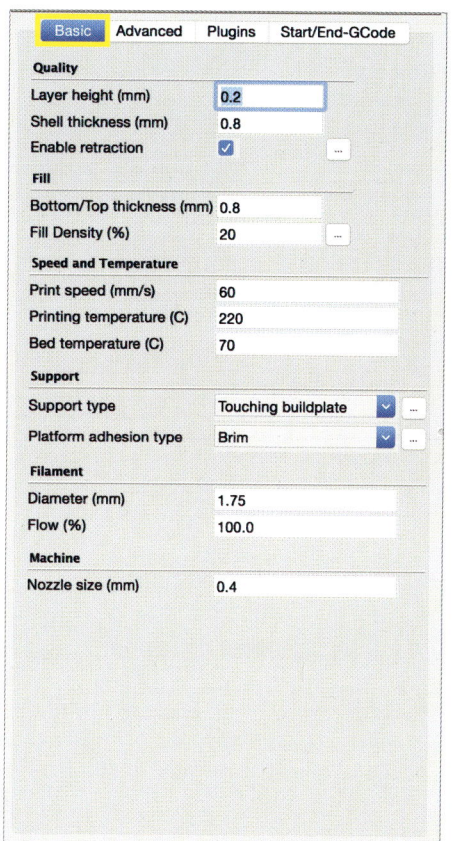 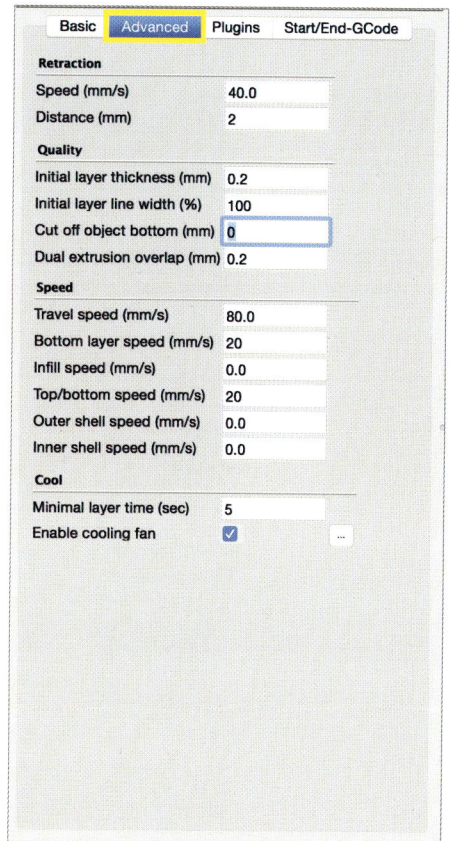

출력하는 재료에 맞게 노즐의 온도와 베드의 온도를 입력해준다. PLA를 사용하였는데 노즐은 220℃, 베드는 70℃로 설정하였다. 그 밖에 레이어의 높이, 셸 두께, 채움정도 출력 속도는 다은쌤이 보통 많이 이용하는 값으로 넣어주었다.

사용자가 원하는 출력물의 형상, 강도, 품질에 따라서 슬라이서 프로그램의 변수값들을 조정해서 이용한다. Advanced로 이동하면 속도와 품질 등 다양한 변수를 조절할 수 있다. Cura의 자세한 사용법이 궁금하면 메이커 다은쌤의 유튜브 채널에서 "Cura(큐라) 사용법 기초~꿀팁" 영상(goo.gl/xUPc3v)을 확인한다.

설정이 모두 완료되면 3D 프린터에서 사용할 SD 카드나 USB에 슬라이싱된 모델링 파일을 저장해 준다.

3 | 3D 프린터 작동

3D 프린터의 전원을 켠다. 노즐을 예열한다.

노즐이 충분히 가열되면 재료를 넣거나 또는 새로 사용할 재료로 교체한다. 재료를 밀어 노즐에서 재료가 잘 나오는지 확인한다.

재료까지 모두 잘 준비되었다면 슬라이싱한 모델링 파일을 저장한 SD 카드를 넣고 출력을 시작한다.

출력이 완료될 때까지 기다린다. 출력 도중 출력물이 이상하게 나왔다면 기계에 문제가 있었을 수도 있고 슬라이싱된 파일에 문제가 있었을 수도 있다. 문제의 원인은 파트3에서 확인한다.

4 후 작업

출력이 완료되었다면 출력물을 다듬어 본다. 필요한 간단한 도구들을 준비한다.

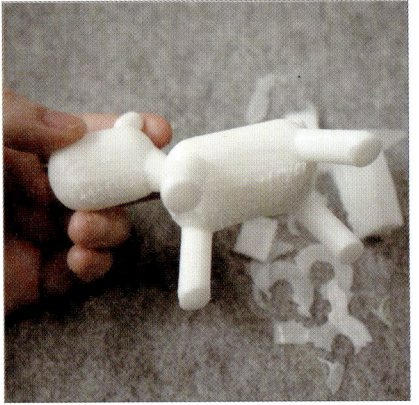

우선 커다란 서포트를 제거하고 발바닥의 브림도 제거한다.

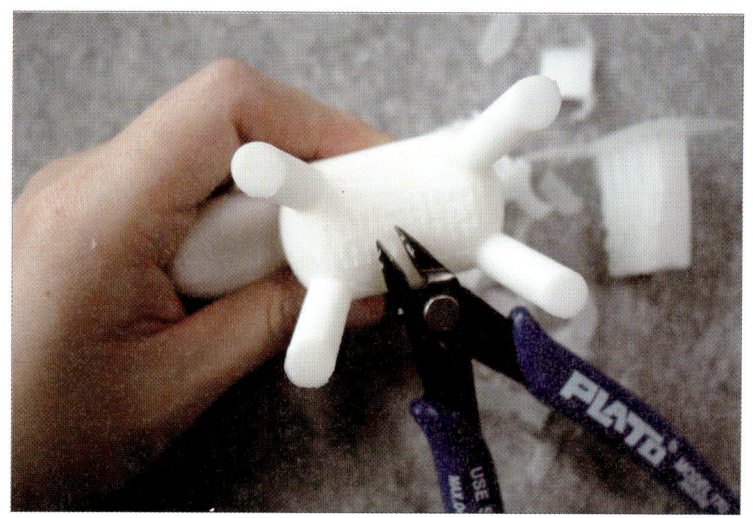

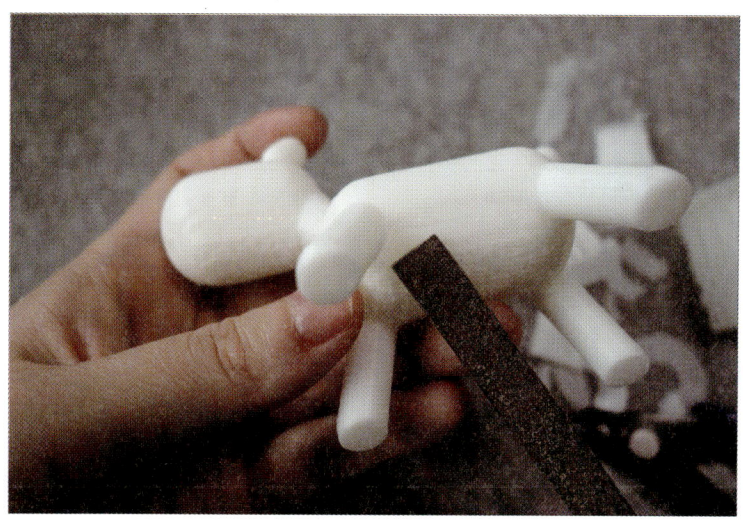

세세한 부분을 잘라서 다듬거나 줄과 사포를 이용하여 다듬을 수도 있다.

5 완성

출력물이 완성되었다.

 **TIP2**

출력 팁

슬라이서 프로그램의 다양한 변수들을 알아보았다. 출력물의 모양과 용도에 맞게 각 변수를 조정하는 것 이외에 출력할 때 팁을 몇 가지 소개한다.

❶ 회전 출력

앞의 3D 모델링을 위한 모양의 중요성(72p)에서 소개된 병정 모양은 모양 그대로 출력하면 절대 출력할 수 없다.

좁은 바닥 면을 넓게 잡아 주는 브림과 공중에 뜬 모양을 만들기 위한 서포트를 함께 출력해야 모양을 만들 수 있다.

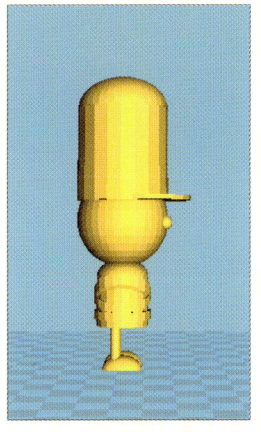 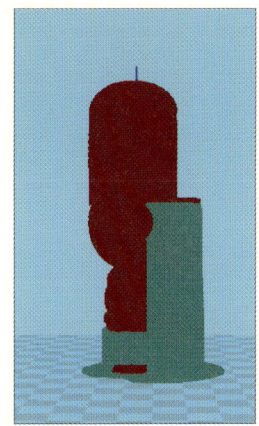

모델링은 Cura에서 불러오니 병정이 서있는 모양으로 나온다. 브림과 서포트를 선택하고 모습을 Layers 뷰로 확인하니 초록색으로 병정의 얼굴 앞에 서포트가 만들어졌다.

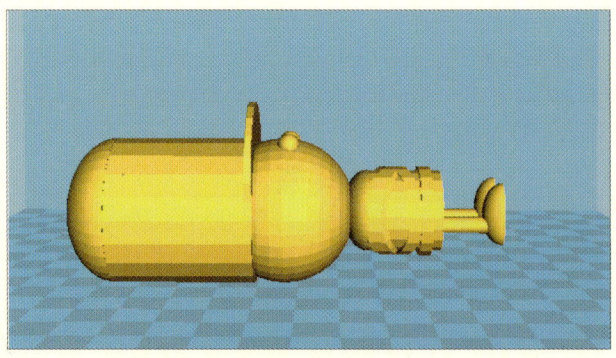

모델링 모양 그대로 출력할 이유는 없다. 병정을 뉘어서 얼굴이 위쪽 방향을 향하게 하였다. 물론 병정 모양은 공중에 뜬 모양으로 누워서도 서포트와 브림이 필요하다. 브림과 서포트를 선택하고 모습을 Layers 뷰로 확인하니 앞서 다른 모양의 서포트가 만들어 졌다.

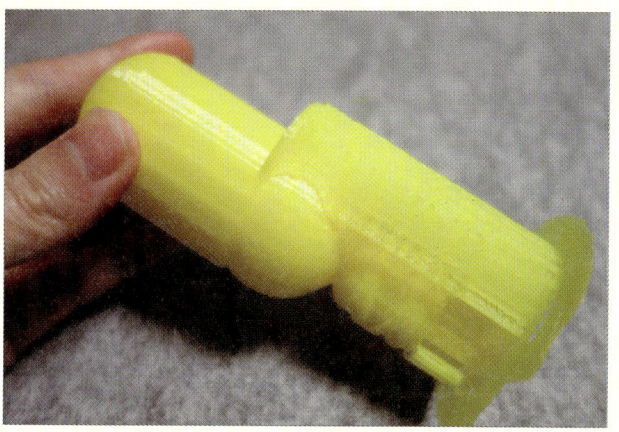

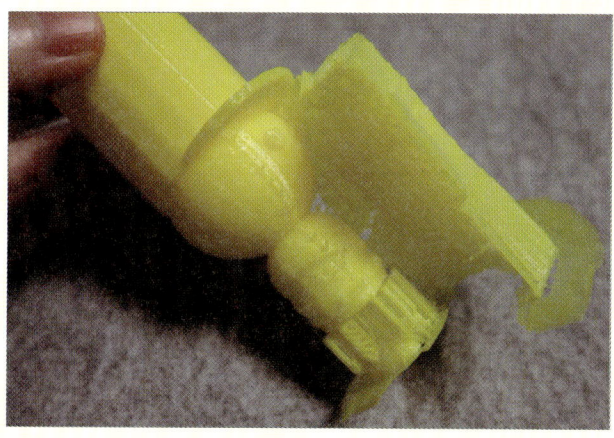

브림과 서포트와 함께 병정을 세워서 출력하였다. 얼굴 앞에 공중에 떠있는 모자챙 때문에 서포트가 만들어 졌다. 서포트를 제거해보니 병정의 얼굴에 잘게 프라스틱이 많이 붙어있다. 깨끗이 만들기 위해서 모두 하나씩 잘라줘야 한다.

뉘어서 출력된 병정은 얼굴면은 깔끔하게 잘 나왔다. 물론 등쪽에 만들어진 서포터는 제거해 줘야 한다.

모양에 따라 출력물을 회전하여 출력 방향을 바꿔본다. 같은 모양이라 하더라도 출력 방향을 바꾸면 생기는 서포트의 모양도 출력 시간도 달라진다. 또한 서포트가 생성되는 면에 따라서 내가 원하는 면을 더 잘나오게 민들 수도 있다.

더 알아보기

서포트는 슬라이서 프로그램에서만 만드는 것이 아니라 모델링에서 직접 서포트를 만들 수도 있다. 특히 오토데스크에서 제공하는 Meshmixer라는 프로그램은 모델링 파일에 서포트를 만드는 것을 도와준다. 선택적으로 만들어진 서포트는 재료 사용을 아끼고 빠른 출력을 얻을 수 있다. Meshmixer 역시 오픈소스 프로그램으로 관심 있는 사용자는 직접 시도해 보길 바란다.

❷ **출력의 방향과 재료 탄성**

하지만 출력의 방향이 특정 기능을 갖게 하는 경우도 있는데 바로 재료의 탄성을 갖게 하는 것이다.

위의 사진은 액션 카메라를 모자에 달기 위해 클립 형식으로 만든 모델링을 출력한 사진이다. 출력의 방향에 따라 재료의 탄성을 다르게 가진 모양이 나온다.

그림과 같은 모양의 방향으로 서포트를 선택하고 출력하게 되면 출력에는 아무 문제가 없다. 하지만 클립으로써 가져야할 탄성을 갖지 못한다.

FDM 3D 프린터의 출력물은 부서질 때 레이어가 쌓인 결대로 부서진다. 위 모양으로 출력하면 출력물은 얻을 수 있지만, 실제 사용하면 얼마 쓰지도 못하고 클립의 둥근 부분이 "뚝" 하고 쉽게 부러질 것이다.

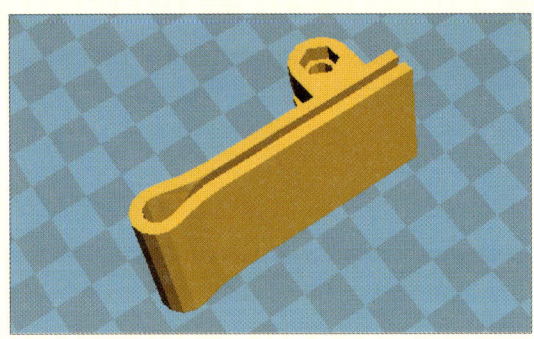

반면 모델링을 옆으로 세우고 서포트를 선택하고 출력하면 클립 부분에 더 강한 탄성을 가질 수 있다.

이렇게 출력의 방향과 모양에 따라서 플라스틱 재료가 가진 탄성을 사용한 물건을 만들 수 있다.

❸ 바닥 자름 출력

평평한 면이 하나도 없는 모델링이 있을 수 있다. 둥근 면적에는 브림이나 서포트를 만들어 줘도 베드와의 접착력이 약하다. 이럴 때 하나의 팁으로 둥근 바닥 면을 3~5mm 정도 잘라 주는 방법을 제안한다. 그러면 베드에 닿는 납작한 면이 생겨 접착력을 더 높일 수 있다.

모델링의 바닥을 자르는 것은 슬라이서 프로그램에서도 조정할 수 있으며, 또는 기본적인 모델링 프로그램에서 바닥을 조금 자른 후에 슬라이서 프로그램에 불러와 사용할 수도 있다.

PART **3**

이게 무슨 일이야

앞에서도 이야기했지만, 저가형 FDM 3D 프린터는 아직 안정된 기계가 아니다. 기계의 브랜드보다는 사용자의 출력 경험에 따라 나오는 출력물의 품질이 달라진다. 특히 처음 사용을 시작하는 사람은 출력을 여러 번 실패하게 되면 나만 못하는 것은 아닐까 하는 생각이 들기도 하지만 모두 겪는 일이다.

기계에 따라 상황이 다를 수 있고 모든 경우의 수를 다 소개할 수는 없지만, 자주 출력을 해보면서 겪었던 출력을 망치게 되는 주요 원인을 몇 가지 정리한다.

- 형태를 알아볼 수 없는 출력물
- 바닥이 둥근 출력물
- 어딘가 지저분한 출력물
- 표면에 구멍이 송송난 출력물
- 특정 높이에서 보잉이 들어선 출력물
- 출력물을 베드에서 떼다가 망침
- 기계에서 이상한 소리가 남
- 그 밖의 다양한 문제들

01 | 형태를 알아볼 수 없는 출력물

저가형 FDM 3D 프린터를 사용하면 누구나 한 번쯤 겪는 경험이다. 출력을 시작해 놓고 잠시 다른 일을 보다가, 잘 나오고 있나를 다시 확인하면 출력물은 모양도 알아보지 못할 이상한 모양이고 노즐은 허공에서 아깝게 재료를 죽죽 내보내고 있다.

형태를 알아볼 수 없을 만큼 이상하게 출력되었다면 대부분 문제는 출력물이 인쇄 도중 베드에서 떨어졌기 때문이다. 출력물이 바닥에서 떨어지는 원인을 알아 본다.

❶ 원인1 : 모델링 바닥 면이 좁음

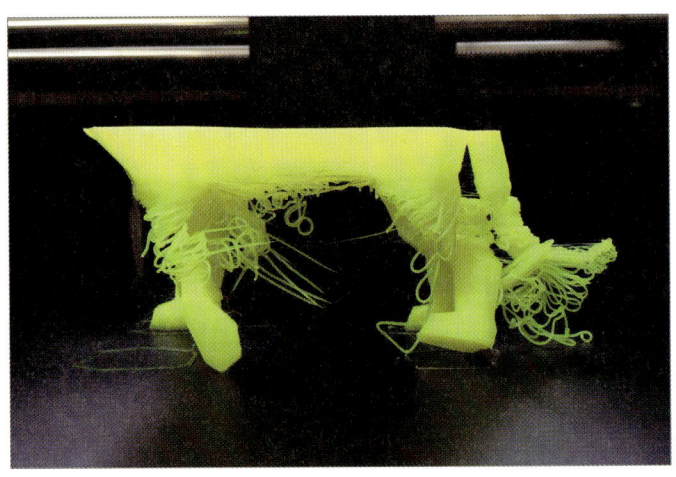

모델링 모양 자체가 좁은 바닥 면을 가지고 있으면 베드에 붙어 있는 힘이 약하다. 특히 바닥 면적도 좁고 위로 갈수록 모양이 커지는 경우라면 출력 도중 쉽게 베드와 출력물이 떨어질 수 있다. 베드에 출력물이 잘 붙을 수 있는 충분히 평평한 단면이 필요하다. 슬라이서 프로그램에서 브림을 선택해 주거나, 또는 밑면이 둥근 모양인 경우 아래를 잘라 평평한 면을 일부러 만들어 주는 것이 좋다. (100p, 125p)

❷ 원인2 : 노즐과 베드 사이의 간격이 너무 넓음

노즐에서 녹아 나온 재료가 바닥에 잘 붙으려면 약간 누르면서 나오면 좋다. 하지만 노즐과 바닥 사이의 간격(보통 명함 한 장 두께)이 넓으면 압출된 재료를 눌러주는 힘이 없어 바닥 면에 제대로 붙지 못하게 된다. 처음에는 잘 붙어 있는 것 같더라도 높이가 올라가고 모양이 크고 무거워지면서 베드에서 떨어져 출력을 망칠 수 있다. 노즐과 바닥 사이의 간격을 확인하고 좁혀 본다. (53p)

③ 원인3 : 베드 자체의 접착력이 약함

노즐과 베드의 간격이 잘 조정되어 재료가 눌러져서 나왔지만 베드의 면 자체에 접착력이 떨어지면 출력물이 바닥 면에 붙지 못한다. 사용자마다 다양한 방법을 사용 중인데, 우선 히팅 베드가 있다면 히팅 베드를 사용하는 것이 좋다. 바닥 면에 딱풀, 물풀, 헤어스프레이, 헤어젤 등을 발라서 사용하는 사용자가 있고, 테플론 테이프, 마스킹 테이프 등 바닥 면을 다른 재료로 덮어서 사용하는 사용자도 있다. 베드 표면 자체의 접착력을 높여 본다. (54p)

또한, 위의 사진처럼 한 바닥 면에 많은 모델링을 한 번에 출력하지 않는다. 여러 모양이 동시에 출력되다가 하나라도 떨어지기 시작하면 연쇄적으로 다른 모델링도 떨어지면서 전체 출력을 망치게 된다. 히팅 베드가 있다 하더라도 베드의 가장자리에 갈수록 열전달이 낮아 잘 안 붙을 수 있다. 3D 프린팅이 익숙해질 때까지는 한 바닥 면의 중앙에 하나씩 출력하는 것을 추천한다.

④ 원인4 : 재료가 수축됨

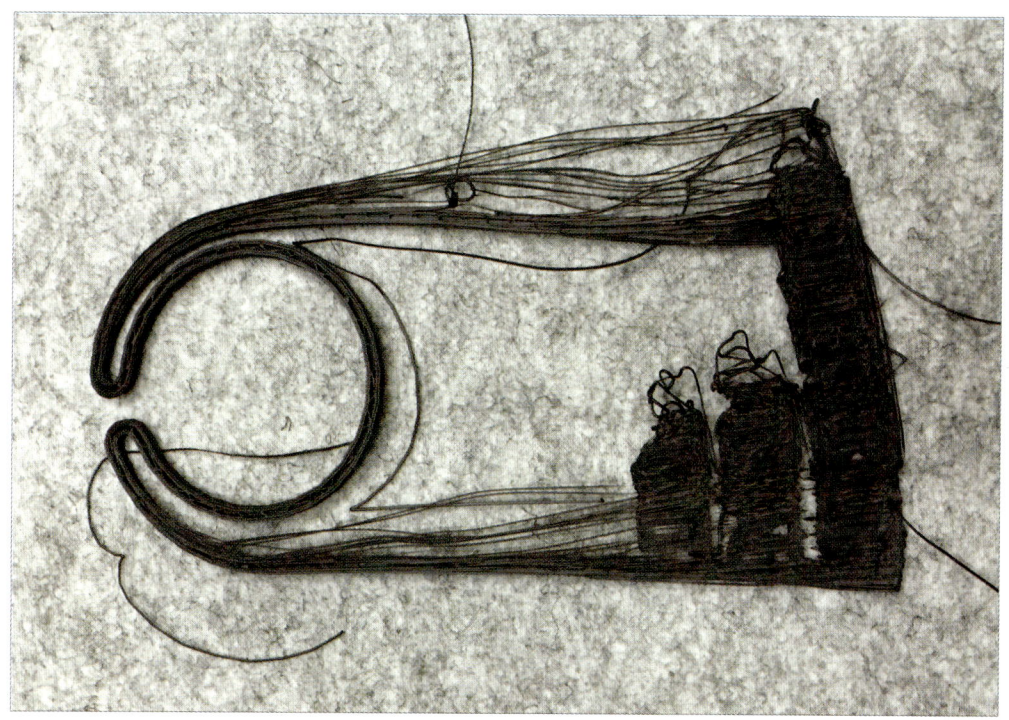

노즐 간격도 일정하고 베드의 접착력도 좋은데 출력물이 자꾸 베드에서 떨어진다면 베드의 온도를 확인해 본다. 뜨겁게 가열된 재료가 밖으로 나왔을 때 온도 차이로 인해 수축이 일어나면서 출력된 바닥 면이 수축이 일어날 수 있다. 특히 ABS는 더 심하다. 모서리가 수축으로 인해 조금이라도 떠 있으면 장시간 출력 중에 계속 수축이 일어나면서 처음엔 바닥과 붙어 있더라도 출력 도중 출력물이 떨어질 수 있다. 히팅 베드의 온도를 올려보고 추운 장소에서의 출력을 피한다.

히팅 베드가 없는데 베드가 너무 차갑다면 출력 전에 베드를 뜨거운 물이나 헤어드라이어를 이용하여 조금 가열해준 후 시작해 본다. 또한, 오픈형 프린터의 경우 주변의 차가운 공기로 인해 재료가 수축할 수 있는데 3D 프린터를 커다란 봉지나 상자로 전체를 덮어주면 수축이 덜 일어난다.

02 바닥이 둥근 출력물

출력물이 잘 나온 것 같은데 모서리와 바닥면이 휘어져서 나왔다.

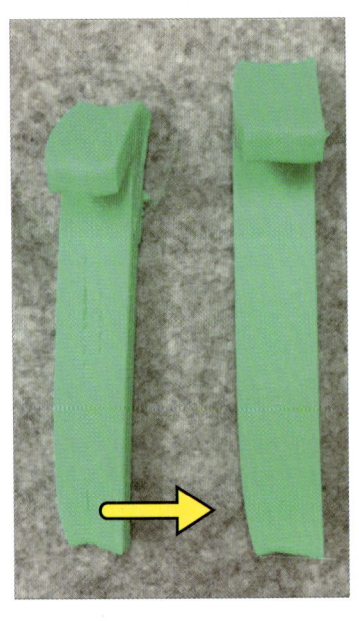
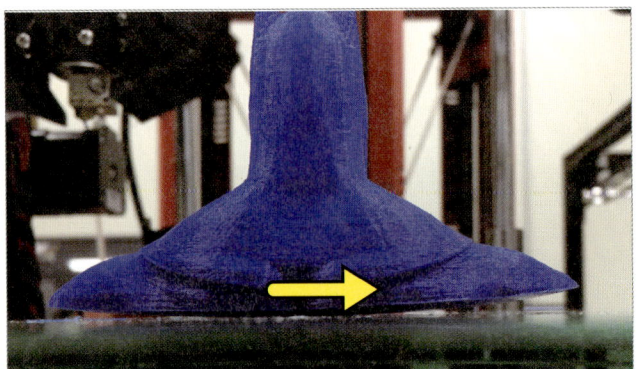

1 원인1 : 베드 자체의 접착력이 약함

2 원인2 : 재료가 수축됨

앞서 나타난 같은 원인들이지만 출력물이 베드에서 떨어지지 않고 간신히 출력은 되었다. 하지만 평평해야 할 바닥이 둥글게 휘어버리는 문제가 발생했다. 치수가 중요하지 않은 출력물이라면 크게 문제 되지 않을 수도 있지만 크기가 정확해야 하는 출력물에서는 문제가 된다. 앞선 방법과 마찬가지로 브림을 같이 출력하고, 베드의 접착력을 높여 보고, 프린터 주변의 공기를 따뜻하게 유지해 본다.

03 | 어딘가 지저분한 출력물

출력이 완료되어서 모양은 나왔는데 출력물의 주변이 뭔가 지저분하다. 니퍼로 다듬어 주어야 할 것 같은데 왜 이런 지저분한 모양들이 나오는지 원인을 알아 본다.

❶ 원인1 : 모델링이 공중에 떠 있는 모양

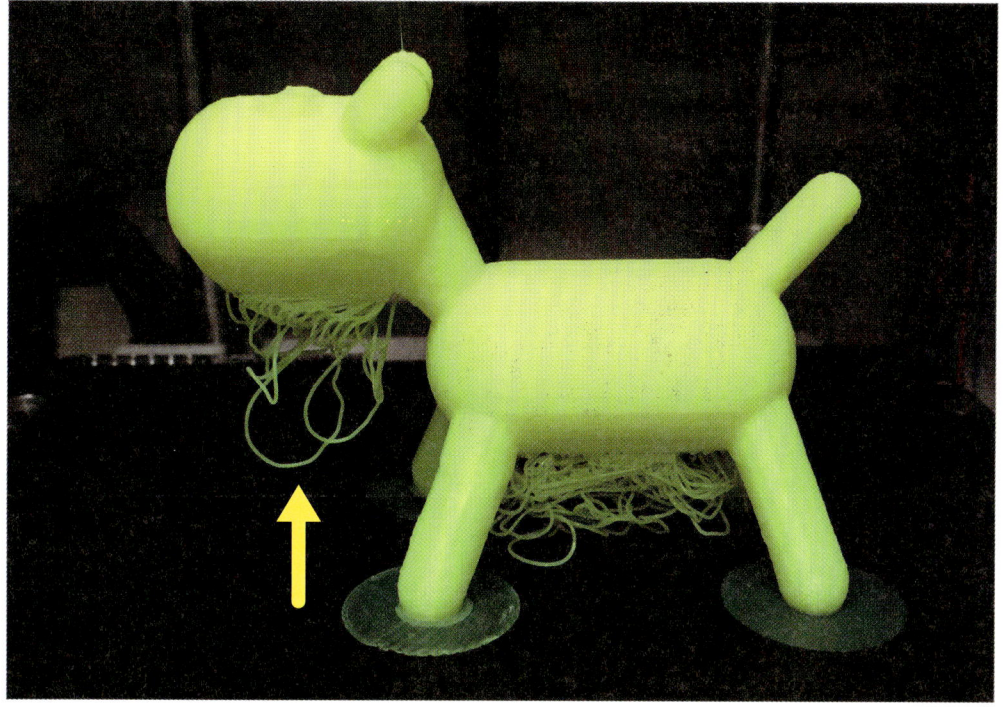

모델링이 공중에 떠 있는 모양을 출력하게 되면 압출된 재료가 붙지 못하고 지구의 중력에 의해 아래로 흘러내리게 된다. 아래로 흘러내린 실들이 만들어졌다면 서포트가 있어야 출력할 수 있는 모양이다. 슬라이서 프로그램에서 서포트를 선택하고 다시 출력해 본다. (104p)

② 원인2 : 열 방출 실패

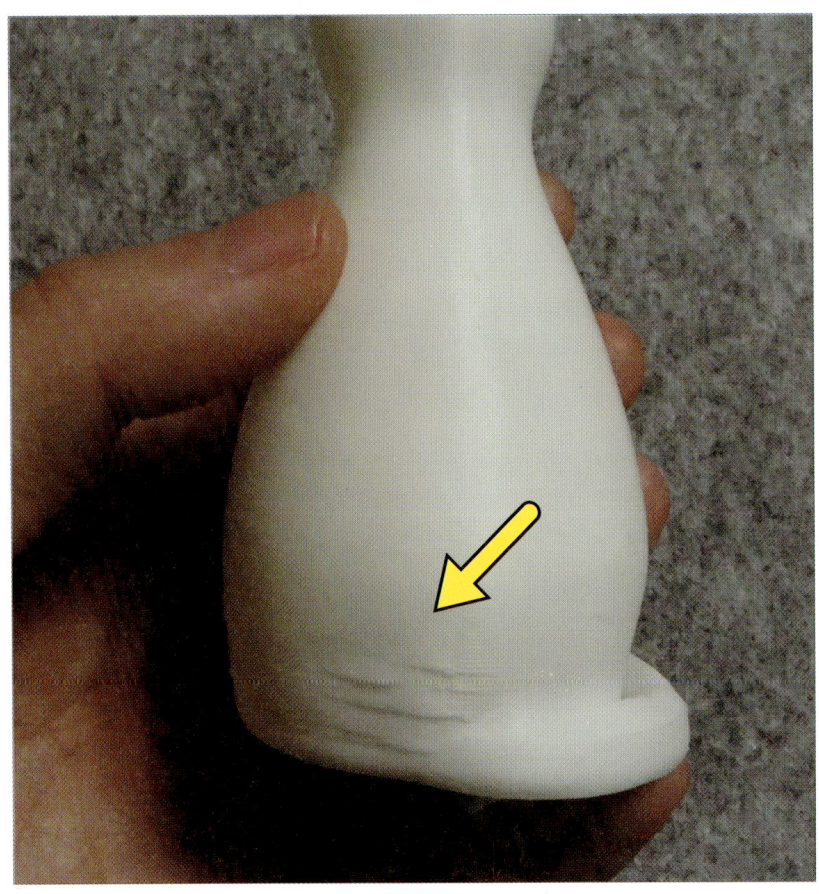

서포트가 없이 완만하게 올라가는 모양인데도 사진처럼 무엇인가 지저분하게 나왔다. 이것은 노즐에서 가열되어 나온 재료가 충분히 식고 그 위에 또 다른 층이 쌓여야 하는데, 충분히 굳지 못한 상태에서 또 다른 재료가 쌓일 때 모양이 무너지면서 나타난다. 출력 속도와 냉각팬의 작동 여부를 확인한다. 또한, 노즐 온도가 재료 온도보다 너무 과하게 가열되어 있어도 모양이 흘러내려 지저분한 모양을 만들 수 있다. (86p)

③ 원인3 : 리트랙션이 제대로 작동하지 않음

출력물 주변에 거미줄처럼 뭔가 지저분한 실이 많이 생겼다면 이는 리트랙션이 제대로 작동하지 않아서 생기는 문제이다. 리트랙션은 노즐이 움직일 때 재료를 잠시 노즐 뒤로 뺐다가 다시 밀어주는 과정이다. (90p)

거미줄을 적게 만들려고 한다면 리트랙션의 속도가 빠르고 재료를 노즐 뒤로 당겨주는 거리는 길어야 한다. 하지만 과한 리트랙션은 재료가 익스트루더에서 갈리거나 노즐의 재료 공급을 방해할 수 있다. 또한, 리트랙션의 값은 재료의 특성과 온도에 따라 변해야 하므로 하나의 정해진 값이 정답이라고 할 수 없다.

④ 원인4 : 지저분한 1층 레이어

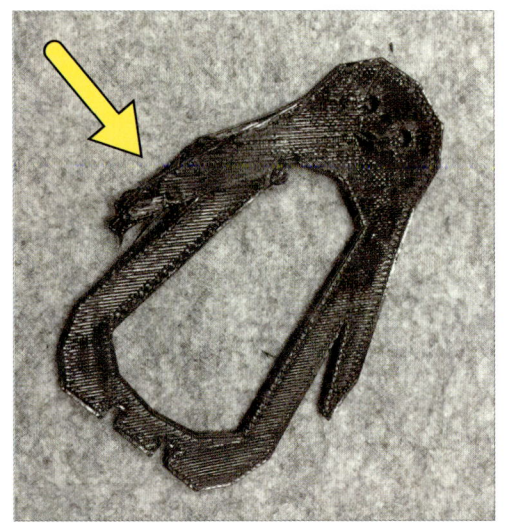

모양은 나왔는데 한쪽 모서리만 지저분하고, 펭귄의 팔이 지저분하다. 1층이 제대로 만들어지지 않은 상태에서 위에 형상이 다시 쌓이면서 모양이 지저분해질수 있다. 또는 처음에 노즐에 있던 이물질이 출력물에 붙으면서 베드에 붙을 출력물을 다시 들어 올려 지저분하게 만들 수도 있다.

3D 프린팅을 시작하기 전에 노즐 주변에 붙어있는 이물질이 없는지 확인한다. 첫 번째 레이어가 제대로 만들어지지 않으면 윗부분의 모양이 정확하게 만들어질 수 없다. 프린팅을 취소하고 다시 시작하는 것을 추천한다.

작은 모양을 뽑을려고 할 때 1층 레이어가 제대로 붙지 않을 확률이 높다. 특히 글씨를 출력하려고 한다면 위의 사진처럼 출력물이 베드에 제대로 붙지 못하고 일어날 확률이 높다. 브림을 선택하고 함께 출력하는 방법도 있지만, 기본적으로 면적이 넓은 두꺼운 글씨를 선택해야 한다.

출력을 시작했다고 해서 바로 기계 앞을 떠나지 않는다. 1층 레이어가 잘 만들어질 때까지는 충분히 앞에서 관찰할 것을 추천한다. 혹시나 1층 레이어가 깨끗하게 만들어지지 않았다면 출력을 취소하고 다시 시작하는 것이 좋다.

04 표면에 구멍이 송송난 출력물

모양은 알아보겠는데 표면이 구멍이 송송 나 있다. 작은 구멍들이 여러 개 나 있는 경우도 있고 큰 구멍이 나 있는 경우도 있다. 대부분 재료의 공급이 제대로 이루어지지 않으면서 생기는 문제들인데 원인을 알아 본다.

1 표면에 자잘한 구멍이 생겼을 때

① 원인1 : 노즐이 막힘

가장 많이 발생하는 문제의 원인은 노즐이 막히면서 재료의 공급이 제대로 이루어지지 않았기 때문이다. 노즐은 잘못된 온도 설정이나 이물질 때문에 막힐 수 있다. 노즐 온도가 재료에 맞게 잘 설정되었는지 확인한다. 예를 들어 이전에는 ABS를 사용해 놓고 PLA로 온도 설정을 해 두었다면 지난번 사용한 재료가 제대로 녹지 않아 노즐 구멍을 막을 수 있다.

노즐을 제대로 관리하지 않아 노즐 구멍이 다른 이물질로 인하여 막혔다면 한방 침으로 뚫어보기를 시도한다. 그래도 재료가 잘 나오지 않는다면 노즐 자체를 바꾸는 것을 추천한다. (42p)

② 원인2 : 필라멘트가 제대로 공급되지 않음

재료가 제대로 공급되지 않아도 같은 현상이 일어난다. 필라멘트가 꼬이지 않고 제대로 풀리고 있는지 확인한다. 새 필라멘트를 사용하기 시작할 때는 특히 무거워서 잘 안 풀릴 수 있으니 손으로 조금 풀어 주는 것도 괜찮다.

③ 원인3 : 익스트루더에서 재료를 잘 밀지 못함

익스트루더에서 재료를 잘 밀지 못하면 재료 공급이 제대로 이루어질 수 없다. 익스트루더를 통해 들어가는 재료를 유심히 살펴 본다. 익스트루더에서 필라멘트를 잡아주는 압력이 약하여 재료를 제대로 못 밀고 헛돌고 있을 수도 있다. 또는, 거꾸로 재료를 너무 꽉 잡아서 재료 표면이 갈려서 익스트루더에 끼어 있지는 않은지 확인한다. (44p)

2 윗면에 커다란 구멍이 났을 때

🟣 원인1 : 출력 속도가 너무 빠름

재료의 공급 속도보다 노즐이 움직이는 속도가 빠르면 재료가 제대로 공급되지 못한다. 특히 출력물의 가장 상단인 윗면을 닫는 과정에서 출력 속도가 너무 빠르면 구멍이 생긴 채 출력이 끝나게 된다. 슬라이서 프로그램에서 윗면(Top)의 출력 속도는 낮추는 것을 추천한다. (92p)

🟣 원인2 : 인필의 간격이 너무 넓음

출력물을 빨리 얻기 위해 인필의 값을 내리는 경우가 있다. 인필의 값이 작아지면 인필 사이사이의 간격은 넓어지게 된다. 상단인 윗면을 닫을 때 인필의 넓은 간격 때문에 재료가 안쪽으로 흘러내리면서, 정확하게 메꾸지 못하고 위쪽 표면에 큰 구멍이 생긴다. 적절한 인필 값을 설정한다. (82p)

3 바닥 면에 홈이 났을 때

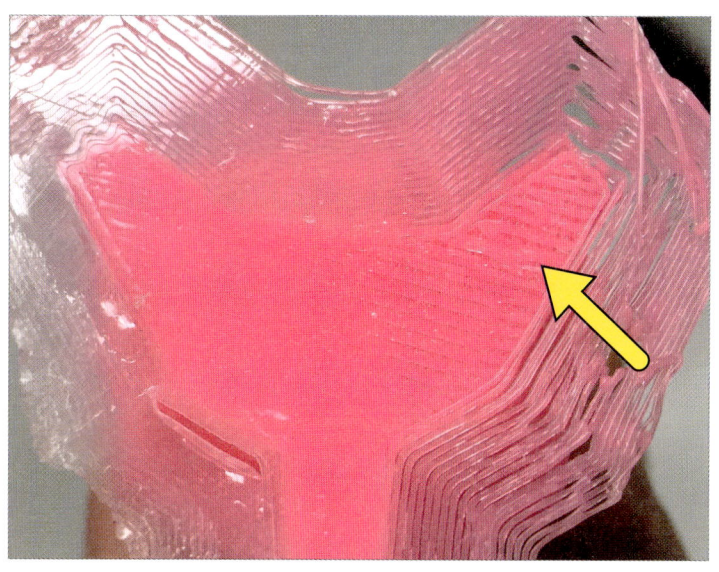

① 원인1 : 베드의 수평이 맞지 않음

베드의 수평이 맞지 않으면 재료가 균일한 면을 만들지 못한다. 노즐과 베드 사이의 거리가 가까우면 재료가 제대로 나오지 못하고, 노즐과 베드 사이의 거리가 멀면 재료가 조밀하게 면을 만들지 못해 바닥 면에 홈들이 보인다.

05 특정 높이에서 모양이 틀어진 출력물

어떤 모양을 뽑았는데 잘 나오다가 특정 높이에서 모양이 틀어져 있다. 모양이 틀어지는 원인을 알아 본다.

❶ 원인1 : 출력 속도가 너무 빠름

출력하려는 모양에 따라 빠른 출력 속도가 원인이 될 수 있다. 노즐이 빠른 속도로 출력 속도와 이동 속도로 자주 반복적으로 바뀌면서 출력된다면, 노즐 움직임에 반동이 생기면서 모양이 틀어져서 만들어질 수 있다. 출력 속도와 이동 속도를 낮춰 본다.

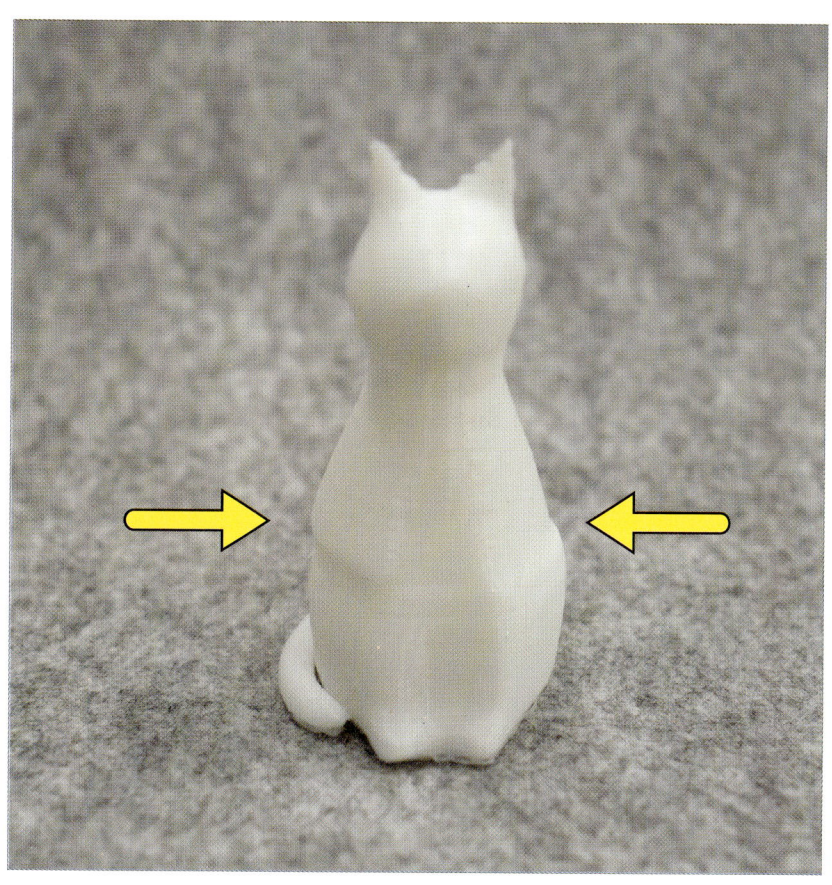

❷ 원인2 : 출력 중에 노즐을 건드림

출력 중에 노즐을 건드리게 되면서 축이 틀어졌다. 출력 중에 노즐이나 출력물에 붙은 이물질을 떼려고 손을 넣었다가 노즐을 건드릴 수 있다. 노즐을 건드려서 축이 틀어졌을 때는 프린팅을 종료하고 다시 처음부터 출력한다.

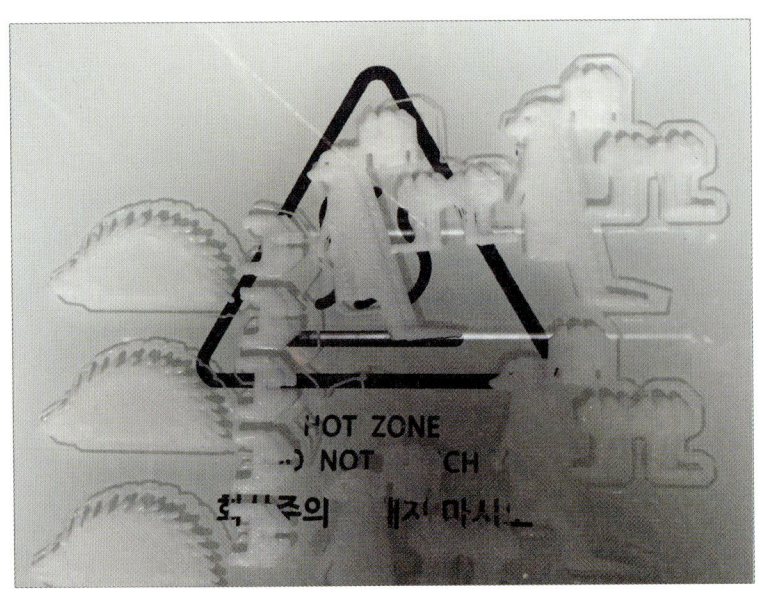

같은 파일을 가지고 여러 번 출력을 시도했는데 똑같은 높이에서 같은 현상이 일어난다면 다음을 살펴 본다.

① 원인1 : 모델링 또는 출력 파일의 문제

모델링 자체에 문제가 있을 수 있다. 슬라이서 프로그램에서 Layers 뷰로 이상한 모양이 없는지 확인해 본다.

3D 프린팅을 위해서 변환한 파일 자체에 문제가 있을 수 있다. 때로는 파일명에 한글이 있거나 같은 이름의 파일을 덮어쓰기를 해서 저장했을 때 문제가 일어난 적이 있다. 저장 장치를 포맷하고 영문 이름의 파일을 만들어 다시 출력 파일을 만든 후 시도해 본다.

② 원인2 : 기계 문제 (탈조 현상)

앞의 원인에서 문제를 찾지 못했다면 벨트가 풀리거나 어떤 부품이 헛도는 등의 기계적인 문제로 인하여 출력물이 이상하게 쌓일 수 있다. DIY 3D 프린터라면 발생할 수 있는 문제이며 기계를 구석구석 확인해 본다. 완제품을 구매했고 초보 사용자라면 3D 프린터를 업체에 AS를 요청한다.

06 : 출력물을 베드에서 떼다가 망침

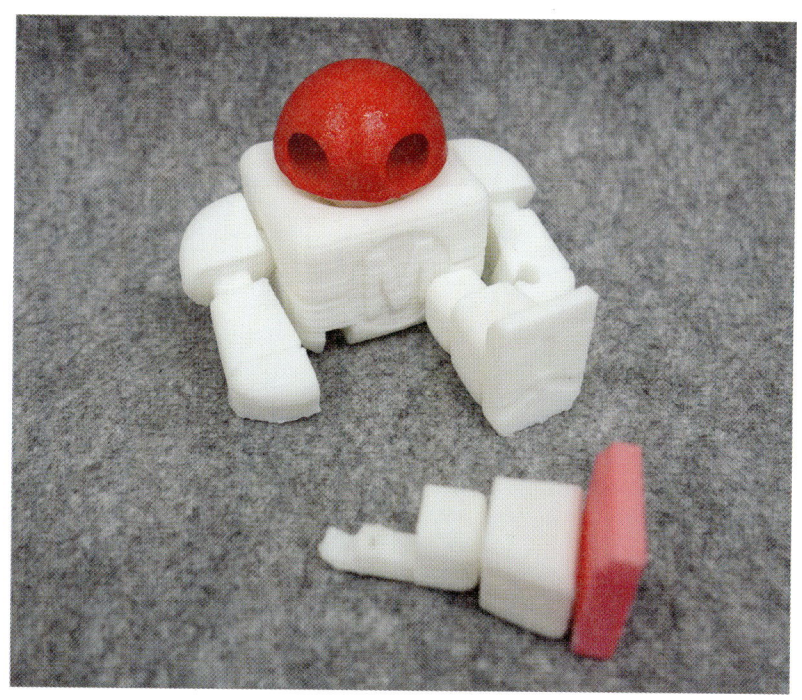

베드에 재료가 잘 붙는 것은 좋지만, 너무 잘 붙어버려도 문제가 된다. 특히 베드가 프린터에 고정되어 있으면서 3D 프린터가 챔버형이라면 너무 딱 달라붙은 출력물을 분리하기 힘들다. 힘으로 베드와 출력물을 분리하려고 하다가 뚝 하고 부러질 수 있다.

출력하려는 모양이 바닥이 넓고 납작한 모양이라면 베드에서 분리하기 힘들다. 이럴 때는 슬라이서 프로그램에서 라프트를 설정하고 출력한다. (101p)

위의 사진에서 부러진 다리의 부분은 베드에서 잘 떼었다 하더라도 가장 약한 부분이라서 금방 부러졌을 것이다. 이럴 때는 인필이나 셀 두께 값을 변화시켜 본다.

07 기계에서 이상한 소리가 남

기계에서 이전에 듣지 못했던 소리가 난다면 꼭 확인해 본다.

1 원인1 : 노즐과 익스트루더의 문제

반복적으로 득득 거리는 소리가 난다면 재료가 노즐 밖으로 나가지 못하는데 익스트루더에서 밀어주면서 나는 소리이다. 노즐이 막혔는지 확인한다.

2 원인2 : 노즐과 베드 거리 문제

노즐과 베드 사이의 간격이 너무 가까우면 노즐이 베드를 긁을 수 있다. 또한 노즐과 베드는 가까우면서 재료의 압출량이 많으면 출력물을 노즐이 움직이면서 '드르륵, 드르륵' 긁으면서 움직일 수 있다. 노즐과 베드 사이의 간격을 확인한다.

3 원인3 : 윤활유 부족

노즐이 이동하면서 소리가 난다면 이동 축에 윤활유가 필요한 상태이다. 먼지가 많은 공간에 3D 프린터가 있다면 이물질이 끼어 소음이 발생할 수 있다. 노즐이 움직이는 축에 윤활유를 발라 주고 사용하지 않을 때는 프린터를 비닐이나 상자로 덮어 먼지가 끼지 않게 관리한다.

3 원인4 : 팬 소음

팬 소리가 커졌다면 플라스틱 조각이나 출력 찌꺼기가 팬 안에 들어가 감기지 않았는지 확인해 본다.

08 그 밖의 다양한 문제들

문제의 원인이 하나가 아니라 복합적으로 문제들이 발생할 경우도 많다.

위 사진의 출력물은 베드와 노즐 간격이 넓다. 그래서 재료가 조밀하게 출력되지 않고 선이 명확히 보인다. 또한 출력 도중 재료가 제대로 공급되지 않아 모양이 나오다가 끊겨 버렸다.

앞서 말했듯이 3D 프린터는 아직 안정된 기계가 아니다. 특히 DIY 3D 프린터의 경우 나사가 풀리거나 벨트가 풀리는 등 문제가 발생할 수 있다. 또한, 기계적 문제뿐만 아니라 펌웨어(소프트웨어)에서 문제가 발생될 수도 있다. 이 책에서 모든 경우의 수를 나열할 수는 없다. 앞에서 살펴본 4박자 3D 프린터, 재료, 3D 모델링, 슬라이서 프로그램을 꼼꼼히 살펴 보고 알고 있어야 문제의 원인을 찾고 대처할 수 있다.

다은쌤 역시 모든 것을 알지는 못한다. FDM 3D 프린터의 시장은 인터넷의 공유문화와 함께 성장하고 있다. 국내에서 3D 프린터 사용자가 가장 많이 모여 있는 카페(cafe.naver.com/makerfac)를 소개한다. 여러 사용자가 모여 3D 프린터를 사용하면서 겪는 문제를 함께 해결해 나가고 있다.

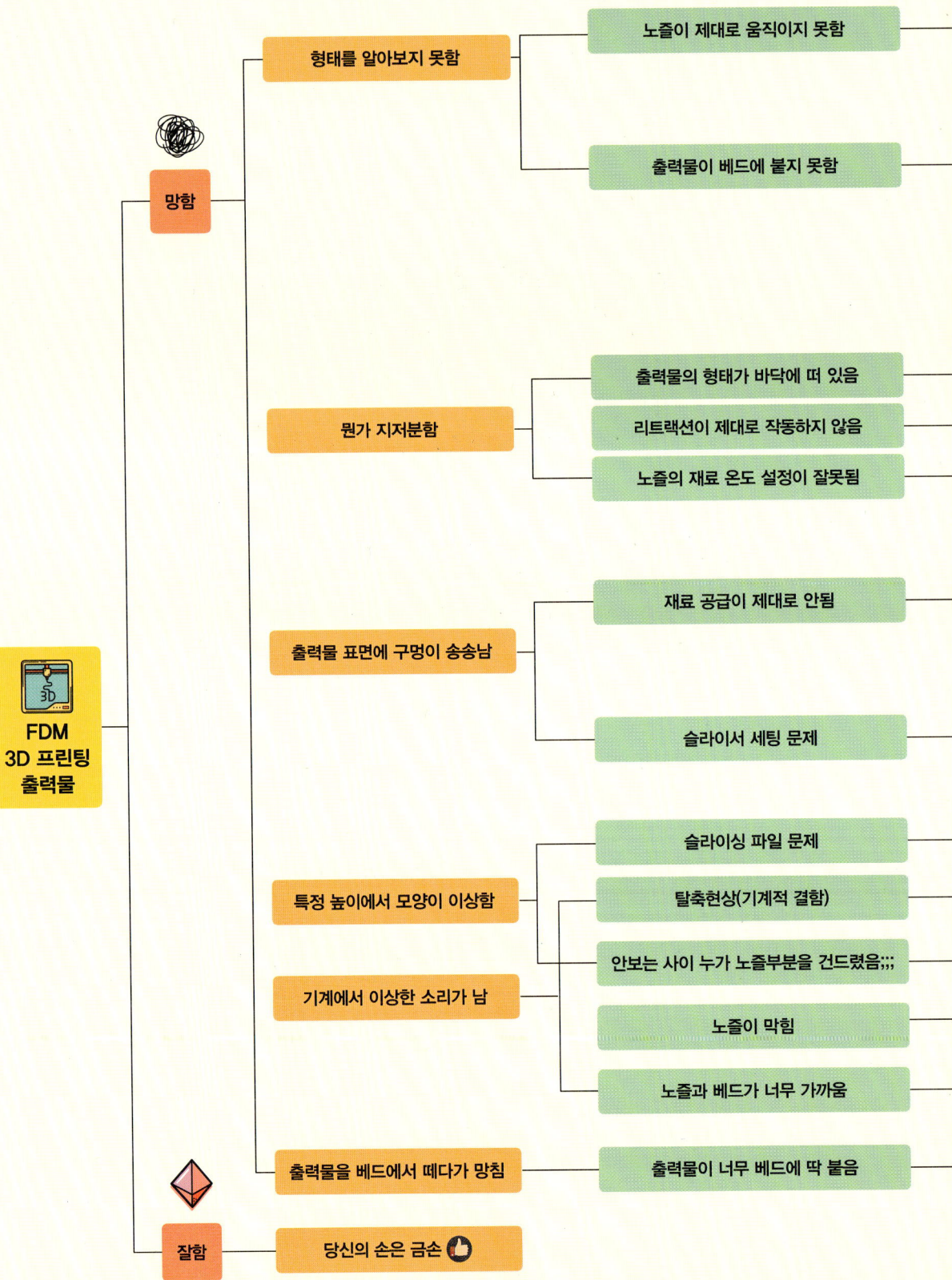

- 기계적 결함 확인
  (나사가 풀리거나 벨트가 느슨하거나 등)
- 노즐과 베드의 간격이 너무 넓음 → 노즐과 베드 사이의 간격을 좁힘
- 베드의 접착력이 약함 → 마스킹 테이프, 테플론 테이프, 헤어스프레이, 헤어젤, 풀... 동원
- 재료가 수축됨 → 재료에 따른 베드의 온도 값을 설정 확인
- 출력물의 바닥 면적이 좁음 → 슬라이서 프로그램에서 브림을 설정함

- 슬라이서 프로그램에서 서포트를 설정함
- 리트랙션의 속도, 거리 세팅값 설정 확인
- 재료의 온도가 너무 높으면 흘러내림
- 노즐이 막힘 → 재료에 따른 노즐 온도 설정 확인
- → 이물질로 노즐이 막힘, 노즐 청소 또는 노즐 교체
- 필라멘트가 제대로 공급이 안됨 → 필라멘트가 꼬였음, 제대로 풀리지 않음
- 익스트루더에서 재료를 잘못 밀어줌 → 필라멘트를 잡아주는 압력이 약함, 또는 부품이 마모됨
- 출력 속도가 너무 빠름 → 재료의 공급 속도보다 노즐이 움직이는 속도가 더 빠름, 속도 낮추기
- 인필의 간격이 너무 넓음 → 낮은 퍼센트의 인필은 간격이 넓어 상단을 재료로 덮는데 어려움, 인필 높이기

- SD 카드 포맷 후 다시 사용, 영어명의 파일 사용 권장
- 같은 증상이 반복되면 병원에 가야함

- 축이 틀어짐, 종료 후 다시 시작
- 노즐이 움직이면서 베드나 출력물을 긁으면서 나는 소리 → 베드와 노즐 사이 간격을 넓혀줌
- 베드가 긁히거나 재료가 나가지 못하는데 익스트루더에서 밀어주면 나는 소리 → 베드와 노즐 사이 간격을 넓혀줌
- 슬라이서에서 라프트를 설정함

마치며

언론에 비친 3D 프린터는 정말 무엇이든지 다 만들 수 있는 마법과 같은 기계로 소개되곤 한다. 물론 과거에 비하면 마법 같은 기계일지도 모른다. 하지만 실제 사용을 해보면 아직도 개선되고 발전될 부분이 많은 기계임을 알 수 있다. 특히 개인형 FDM 방식의 3D 프린터는 더더욱 그러하다.

그렇다고 또 못 쓸 기계는 아니다. 분명히 다양한 산업 분야에서 3D 프린팅 기술이 활용될 수 있는 잠재력이 있다. 또한, 이전보다 빠른 기술의 발전은 한 치 앞을 예상하기 힘들게 한다. 제품의 가격만 해도 다은쌤이 처음 FDM 3D 프린터를 만났을 때 가장 저렴한 것이 200만원 중후반이었다. 5년이 지난 지금은 거의 1/10로 줄어들고 있다.

가장 중요한 것은 3D 프린터 기계 자체보다는 그래서 무엇을 만들 것인가이다. 3D 프린터는 하나의 도구일 뿐이다.

"여러분은 3D 프린터를 이용해서 무엇을 만들고 싶은가요?"

YoungJin.com Y.
영진닷컴

메이커 다은쌤의 **FDM**
3D 프린팅

1판 1쇄 발행 2017년 8월 30일
1판 2쇄 발행 2019년 1월 10일

저 자 전다은
발행인 김길수
발행처 (주)영진닷컴
주 소 서울 금천구 가산디지털2로 123 월드메르디앙벤처센터 2차 10층 1016호
           (우)08505
등 록 2007. 4. 27. 제16-4189호

©2017., 2018. (주)영진닷컴

ISBN 978-89-314-5648-6

이 책에 실린 내용의 무단 전재 및 무단 복제를 금합니다.